Beck'scheReihe

BsR 1098

Im Jahre 1905 brach der junge Theologieprofessor Albert Schweitzer seine akademische Karriere ab, studierte Medizin und ging 1913 nach Afrika, um im Dienst der französischen Missionsgesellschaft im Urwald Äquatorialafrikas eine medizinische Station aufzubauen. 1920 verfaßte er seinen Bericht ‹Zwischen Wasser und Urwald› über die ersten Jahre in Lambarene.

Mit großem Erzähltalent schildert er den mühevollen Aufbau der Station, berichtet von den Menschen, denen er dort begegnet und denen er als Arzt zu helfen versucht, und beschreibt seinen Versuch, in kritischer Auseinandersetzung mit sich selbst die Afrikaner zu verstehen.

«Der Leser versteht, daß Schweitzer während seines hilfreichen Wirkens für seine afrikanischen Patienten viel für seine eigene Person gelernt hat. Er selbst brauchte Lambarene, um zu erproben, inwieweit er fähig war, die Idee der Solidarität mit der Bevölkerung der später so genannten Dritten Welt glaubwürdig anzuwenden. Erst durch das Bestehen der Praxis gewann er die Sicherheit und Überzeugungskraft für seine großartige ‹Ethik der Ehrfurcht vor dem Leben›, die nicht nur das menschliche, sondern das Leben der Schöpfung im Ganzen meint.» Das hat Horst-Eberhard Richter 1990 über dieses Buch und seinen Autor geschrieben.

Albert Schweitzer (1875–1965), der jahrzehntelang als Urwaldarzt in Lambarene wirkte, veröffentlichte grundlegende Werke zur Theologie, Religionsphilosophie und Bach-Forschung. 1952 erhielt er den Friedensnobelpreis.

ALBERT SCHWEITZER

Zwischen Wasser und Urwald

*Erlebnisse und Beobachtungen
eines Arztes
im Urwalde Äquatorialafrikas*

VERLAG C.H.BECK

Mit 16 Abbildungen

Die Deutsche Bibliothek – CIP-Einheitsaufnahme

Schweitzer, Albert:
Zwischen Wasser und Urwald : Erlebnisse und Beobachtungen eines Arztes im Urwalde Äquatorialafrikas / Albert Schweitzer. – 220.–225. Tsd. – München : Beck, 1995
   (Beck'sche Reihe ; 1098)
   ISBN 3 406 37488 3
NE: GT

ISBN 3 406 37488 3

220.–225. Tausend. 1995
Umschlagentwurf: Uwe Göbel, München
Umschlagabbildung: Erica Anderson,
Albert-Schweitzer-Friendship-House G. T. Barrington, USA.
© Deutsches Albert-Schweitzer-Archiv, Frankfurt am Main
© C. H. Beck'sche Verlagsbuchhandlung (Oscar Beck), München 1963
Gesamtherstellung: C. H. Beck'sche Buchdruckerei, Nördlingen
Gedruckt auf säurefreiem,
aus chlorfrei gebleichtem Zellstoff hergestelltem Papier
Printed in Germany

Den Freunden, die mir das Werk gründen halfen,
den toten und den lebenden,
in tiefer Dankbarkeit

Die Photographien verdanke ich größtenteils der Freundlichkeit eines dankbaren Patienten. Bild 2 und 6 sind nach einem Klischee von Missionar Ottmann reproduziert worden. Das Bild 4 stellte mir Missionar Pelet, die Bilder 5 und 14 Missionar Morel zur Verfügung.

Anmerkung des Verlags zu dieser Ausgabe: Die Vorlagen der Abbildungen 1, 8, 10, 13 und 15 sind nicht mehr aufzufinden.
Die «Archives Centrales Albert Schweitzer» in Günsbach stellten freundlicherweise Bilder mit gleichen Motiven zur Verfügung.

INHALT

I. Wie ich dazu kam, Arzt im Urwald zu werden / Land und Leute am Ogowe 9

II. Die Fahrt 16

III. Erste Eindrücke und Erlebnisse 32

IV. Juli 1913 bis Januar 1914 40

V. Januar bis Juni 1914 64

VI. Holzfäller und Holzflößer im Urwald 85

VII. Soziale Probleme im Urwald 99

VIII. Weihnachten 1914 119

IX. Weihnachten 1915 123

X. Von der Mission 132

XI. Schluß 144

I.
WIE ICH DAZU KAM, ARZT IM URWALD ZU WERDEN
LAND UND LEUTE AM OGOWE

Die Lehrtätigkeit an der Universität Straßburg, die Orgelkunst und die Schriftstellerei verließ ich, um als Arzt nach Äquatorialafrika zu gehen. Wie kam ich dazu?

Ich hatte von dem körperlichen Elende der Eingeborenen des Urwaldes gelesen und durch Missionare davon gehört. Je mehr ich darüber nachdachte, desto unbegreiflicher kam es mir vor, daß wir Europäer uns um die große humanitäre Aufgabe, die sich uns in der Ferne stellt, so wenig bekümmern. Das Gleichnis vom reichen Mann und vom armen Lazarus schien mir auf uns geredet zu sein. Wir sind der reiche Mann, weil wir durch die Fortschritte der Medizin im Besitze vieler Kenntnisse und Mittel gegen Krankheit und Schmerz sind. Die unermeßlichen Vorteile dieses Reichtums nehmen wir als etwas Selbstverständliches hin. Draußen in den Kolonien aber sitzt der arme Lazarus, das Volk der Farbigen, das der Krankheit und dem Schmerz ebenso wie wir, ja noch mehr als wir unterworfen ist und keine Mittel besitzt, um ihnen zu begegnen. Wie der Reiche sich aus Gedankenlosigkeit gegen den Armen vor seiner Türe versündigte, weil er sich nicht in seine Lage versetzte und sein Herz nicht reden ließ, also auch wir.

Die paar hundert Ärzte, die die europäischen Staaten als Regierungsärzte in der kolonialen Welt unterhalten, können, sagte ich mir, nur einen ganz geringen Teil der gewaltigen Aufgabe in Angriff nehmen, besonders da die meisten von ihnen in erster Linie für die weißen Kolonisten und für die Truppen bestimmt sind. Unsere Gesellschaft als solche muß die humanitäre Aufgabe als die ihre anerkennen. Es muß die Zeit kommen, wo freiwillige Ärzte, von ihr gesandt und unterstützt, in bedeutender Zahl in die Welt hinausgehen und unter den Eingeborenen Gutes tun. Erst dann haben wir die Verantwortung, die uns als Kulturmenschheit den farbigen Menschen gegenüber zufällt, zu erkennen und zu erfüllen begonnen.

Von diesen Gedanken bewegt beschloß ich, bereits dreißig Jahre alt, Medizin zu studieren und draußen die Idee in der Wirklichkeit zu erproben. Anfang 1913 erwarb ich den medizinischen Doktorgrad. Im Frühling desselben Jahres fuhr ich mit meiner Frau, die die Krankenpflege erlernt hatte, an den Ogowe in Äquatorialafrika, um dort meine Wirksamkeit zu beginnen.

Ich hatte mir diese Gegend ausgesucht, weil elsässische, dort im Dienste der Pariser evangelischen Missionsgesellschaft stehende Missionare mir gesagt hatten, daß ein Arzt dort, besonders wegen der immer mehr um sich greifenden Schlafkrankheit, sehr notwendig sei. Diese Missionsgesellschaft erklärte sich bereit, mir auf ihrer Station Lambarene eines ihrer Häuser zur Verfügung zu stellen und mir zu erlauben, dort auf ihrem Grund und Boden ein Spital zu bauen, wozu sie mir auch ihre Hilfe in Aussicht stellte.

Die Mittel für mein Werk jedoch mußte ich selber aufbringen. Ich gab dazu, was ich durch mein in drei Sprachen erschienenes Buch über J. S. Bach und durch Orgelkonzerte verdient hatte. Der Thomaskantor aus Leipzig hat also mitgeholfen, das Spital für die Neger im Urwald zu bauen. Liebe Freunde aus Elsaß, Frankreich, Deutschland und der Schweiz halfen mir mit ihren Mitteln. Als ich Europa verließ, war mein Unternehmen für zwei Jahre gesichert. Ich hatte die Kosten – die Hin- und Rückreise nicht einbegriffen – auf etwa fünfzehntausend Franken für das Jahr veranschlagt, was sich ungefähr als richtig erwies.

Mein Werk lebte also – wie der naturwissenschaftliche Ausdruck lautet – in Symbiose mit der Pariser evangelischen Missionsgesellschaft. An sich aber war es überkonfessionell und international. Es war meine Überzeugung und ist es noch heute, daß die humanitären Aufgaben in der Welt dem Menschen als solchem, nicht als dem Angehörigen einer bestimmten Nation oder Konfession nähergebracht werden müssen.

Die Führung der Bücher und die Besorgung der Bestellungen hatten aufopfernde Freunde in Straßburg übernommen. Die gepackten Kisten wurden von der Pariser Missionsgesellschaft mit den ihrigen nach Afrika gesandt.

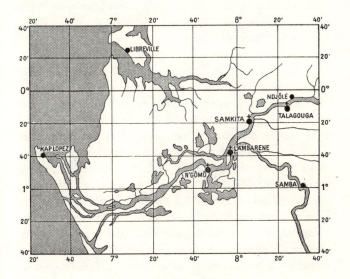

Der Unterlauf des Ogowe

Skizze nach einer Karte von Herrn Missionar Haug

Ein Wort über das Land, in dem ich wirkte. Das Gebiet des Ogowe gehört zur Kolonie Gabun. Der Ogowe ist ein etwa zwölfhundert Kilometer langer, nördlicher Parallelfluß des Kongo. Obwohl er viel kleiner ist als dieser, stellt er immer noch einen stattlichen Strom dar. In seinem Unterlauf ist er ein bis zwei Kilometer breit. In den letzten zweihundert Kilometern spaltet er sich in eine Reihe von Armen, die sich bei Kap Lopez in den Atlantischen Ozean ergießen. Schiffbar für größere Flußdampfer ist er von der Küste bis nach N'Djôle, etwas über 350 Kilometer weit. Dann beginnt das Hügel- und Bergland, das zum innerafrikanischen Hochplateau führt. Hier wechseln Serien von Stromschnellen mit langen Strecken guter Schiffbarkeit ab. Die Schiffahrt ist nur noch kleinen, eigens zum Überwinden der Stromschnellen gebauten Schraubendampfern und den Kanoes der Eingeborenen möglich.

Während in der Gegend des Mittel- und Oberlaufes Prärie und Wald abwechseln, gibt es im Unterlaufe, von N'Djôle abwärts, nur Wasser und Urwald.

Diese feuchte Niederung eignet sich vorzüglich für die Kultur von Kaffee, Pfeffer, Zimt, Vanille und Kakao. Auch die Ölpalme gedeiht gut. Aber die Haupttätigkeit der Europäer gilt nicht den Pflanzungen, auch nicht der Gewinnung des Kautschuks des Urwaldes, sondern dem Holzhandel. Der Ogowe bietet den großen Vorteil, daß er in eine Bucht mündet, die eine vorzügliche Reede ohne Barre enthält. Es sind also für die Westküste Afrikas, die an guten Häfen und besonders an solchen, die in die Ströme münden, so arm ist, selten günstige Voraussetzungen für die Verladung von Holz gegeben. Die großen Flöße können neben den Dampfern, die sie aufnehmen sollen, anlegen, ohne durch die Barre oder durch schweren Wellengang zerrissen und zerstreut zu werden. Auf absehbare Zeit wird der Holzhandel also für diese Gegend die Hauptsache bleiben.

Kartoffeln und Getreide lassen sich leider nicht anbauen, weil das Wachstum in der warmen feuchten Luft zu rasch vor sich geht. Die Kartoffeln schießen empor, ohne Knollen anzusetzen, und das Getreide bringt keine Frucht. Auch die Kultur des Reises ist aus verschiedenen Gründen nicht möglich. Kühe lassen sich am Unterlaufe des Ogowe nicht halten, weil sie das hier wachsende Gras nicht vertragen. Weiter nach dem Innern zu, auf dem zentralen Höhenplateau, gedeihen sie vorzüglich.

Mehl, Reis, Milch und Kartoffeln müssen also aus Europa bezogen werden, was die Lebensführung außerordentlich kompliziert und verteuert.

Lambarene liegt etwas südlich vom Äquator und hat die Jahreszeiten der südlichen Halbkugel. Es ist also dort Winter, wenn in Europa Sommer ist, und Sommer, wenn in Europa

Winter ist. Der dortige Winter ist durch die trockene Jahreszeit, die von Ende Mai bis Anfang Oktober dauert, gekennzeichnet. Der dortige Sommer ist die Regenzeit, die von Anfang Oktober bis Mitte Dezember und von Mitte Januar bis Ende Mai geht. Um Weihnachten herum setzt eine etwa drei bis vier Wochen andauernde trockene Jahreszeit ein, in der die Hitze ihren Höhepunkt erreicht.

Die Durchschnittstemperatur im Schatten in der Regenzeit ist etwa 28–35 Grad Celsius, in der winterlichen trockenen Jahreszeit 25–30 Grad. Die Nächte sind fast ebenso heiß wie die Tage. Dieser Umstand und die sehr große Feuchtigkeit der Luft sind schuld daran, daß der Europäer das Klima der Ogoweniederung so schwer erträgt. Nach einem Jahr bereits beginnen sich Ermüdung und Anämie bei ihm bemerkbar zu machen. Nach zwei bis drei Jahren ist er zu richtiger Arbeit untauglich und tut am besten daran, auf mindestens acht Monate zur Erholung nach Europa zurückzukehren.

Die Mortalität unter den Weißen betrug im Jahre 1903 in Libreville, der Hauptstadt Gabuns, fast vierzehn auf hundert.

Vor dem Kriege lebten in der Ogoweniederung etwa zweihundert Weiße: Pflanzer, Holzhändler, Kaufleute, Regierungsbeamte und Missionare. Die Zahl der Eingeborenen ist schwer anzugeben. Jedenfalls ist das Land nicht dicht bevölkert. Es sind nur noch die Trümmer von acht ehemals mächtigen Stämmen vorhanden. So furchtbar haben der Sklavenhandel und der Schnaps in drei Jahrhunderten unter ihnen aufgeräumt. Von dem Stamme der Orungu, die das Ogowedelta bewohnten, ist fast nichts mehr übrig. Von dem der Galoas, dem das Gebiet von Lambarene gehörte, sind höchstens noch achtzigtausend vorhanden. In die so geschaffene Leere drängen sich vom Innern her die von der Kultur noch unberührten anthropophagen Fan's, auf französisch Pahouins genannt. Ohne das rechtzeitige Dazwischentreten der Europäer hätte dieses Kriegervolk die alten Stämme der Ogoweniederung bereits aufgegessen. Lambarene bildet auf dem Flusse die Grenze zwischen den Pahouins und den alten Stämmen.

Gabun wurde am Ende des fünfzehnten Jahrhunderts von den Portugiesen entdeckt. Bereits 1521 siedelten sich katholische Missionare an der Küste zwischen der Mündung des Ogowe und der des Kongo an. Kap Lopez ist nach einem dieser Missionare, Odoardo Lopez, der 1578 dorthin kam, benannt. Im achtzehnten Jahrhundert hatten die Jesuiten an der Küste große Pflanzungen mit Tausenden von Sklaven. In das Innere des Landes aber drangen sie ebensowenig vor wie die weißen Händler.

Als die Franzosen mit den Engländern zusammen in der Mitte des neunzehnten Jahrhunderts den Sklavenhandel an der Westküste Afrikas bekämpften, wählten sie, 1849, die Bucht nördlich von der Bucht von Kap Lopez als Flottenstützpunkt und als Ansiedelungsort für die befreiten Sklaven. Daher der Name Libreville. Daß die schmalen Wasserläufe, die sich zerstreut in die Bucht von Kap Lopez ergießen, einem großen Fluß angehören, wußten die Weißen damals noch nicht. Die Neger der Küste hatten es ihnen verschwiegen, um den Handel mit dem Innern selbst in der Hand zu behalten. Erst 1862 entdeckte Leutnant Serval, zu Lande von Libreville nach Südosten vordringend, den Ogowe in der Gegend von Lambarene. Daraufhin wurde von Kap Lopez aus der Unterlauf des Flusses erkundet und die Häuptlinge zur Anerkennung des französischen Protektorates bewogen.

Als es sich in den achtziger Jahren darum handelte, von der Küste aus den für den Handel bequemsten Weg nach dem schiffbaren Teile des Kongostromes zu suchen, glaubte ihn De Brazza in dem Ogowe gefunden zu haben, da dieser nur zweihundert Kilometer nordwestlich von Stanley-Pool entspringt und von der Alima, einem schiffbaren Nebenflusse des Kongo, nur durch eine schmale Wasserscheide getrennt ist. Es gelang ihm auch, einen zerlegbaren Dampfer auf diesem Wege nach dem mittleren Kongo zu bringen. Für den Handel aber erwies sich dieser Weg als impraktikabel, der Schwierigkeiten wegen, die die Stromschnellen des Oberlaufes des Ogowe bieten. Durch den Bau der im Jahre 1898 fertiggestellten belgischen Kongobahn Matadi-Brazzaville kam der Ogowe als Weg nach dem mittleren Kongo definitiv außer Betracht. Heute vermittelt er nur noch den Verkehr nach seinem eigenen, noch ziemlich unerforschten Hinterland.

Die ersten protestantischen Missionare am Ogowe waren Amerikaner. Sie kamen um 1860 an den Strom. Da sie der Forderung der französischen Regierung, auf französisch zu unterrichten, nicht genügen konnten, traten sie später ihr Werk der Pariser Missionsgesellschaft ab. Heute zählt die protestantische Missionsgesellschaft vier Stationen: N'Gômô, Lambarene, Samkita und Talagouga. N'Gômô ist von der Küste etwa zweihundert Kilometer entfernt. Die anderen Stationen folgen aufeinander flußaufwärts in Abständen von etwa je fünfzig Kilometern. Talagouga liegt auf einer N'Djôle, dem Ende der Flußschiffahrt, vorgelagerten romantischen Flußinsel.

Auf jeder Station sind in der Regel zwei verheiratete und ein unverheirateter Missionar, wozu gewöhnlich noch eine Lehrerin kommt, was also, die Kinder nicht mitgerechnet, fünf oder sechs Personen macht.

Die katholische Mission besitzt für dasselbe Gebiet drei Stationen: eine in Lambarene, eine in N'Djôle und eine in der Nähe von Samba an der N'Gounje, dem größten Nebenflusse des Ogowe. Jede ist mit etwa zehn Weißen, gewöhnlich drei Priestern, zwei Laienbrüdern und fünf Schwestern besetzt.

Die Bezirkshauptleute der Regierung sitzen in Kap Lopez, in Lambarene, in Samba und N'Djôle. Etwa fünfhundert farbige Soldaten sind als Polizeitruppen über das Gebiet zerstreut.

Dies war das Land und dies waren die Menschen, unter denen ich an die viereinhalb Jahre als Urwalddoktor wirkte. Was ich dabei erlebt und beobachtet habe, erzähle ich für die Zeit bis zum Ausbruch des Krieges nach den Berichten, die ich alle sechs Monate in Lambarene schrieb und meinen Freunden und Gebern als gedruckte Briefe zusenden ließ. Während des Krieges war diese Korrespondenz unmöglich. Für diese Zeit und für die religiösen und sozialen Probleme, die ich berühre, halte ich mich an Aufzeichnungen, die ich für mich gemacht habe.

II. DIE FAHRT

Lambarene, Anfang Juli 1913

Die Glocken hatten soeben den Karfreitagnachmittagsgottesdienst in meinem Heimatdorfe Günsbach in den Vogesen ausgeläutet. Da erschien der Zug an der Biegung des Waldrandes. Die Reise nach Afrika begann. Es galt Abschied zu nehmen. Wir standen auf der Plattform des letzten Wagens. Ein letztes Mal tauchte die Kirchturmspitze zwischen den Bäumen auf. Wann werden wir sie wiedersehen?

Als am folgenden Tag das Straßburger Münster in der Ferne versank, meinten wir schon in der Fremde zu sein.

Am Ostersonntag hörten wir noch einmal die liebe Orgel von St. Sulpice in Paris und das wundervolle Spiel von Freund Widor. Um zwei Uhr glitt der Zug nach Bordeaux aus dem unterirdischen Bahnhof des Quai d'Orsay heraus. Die Fahrt war herrlich. Überall feiertäglich gekleidete Menschen. Der Frühlingswind trug dem dahineilenden Zug den Glockenklang der aus der Ferne grüßenden Dorfkirchen nach. Dazu leuchtender Sonnenschein. Ein traumhaft schöner Ostersonntag.

Die Kongodampfer fahren nicht nach Bordeaux selbst, sondern von Pauillac ab, das anderthalb Stunden Bahnfahrt meerwärts liegt. Ich sollte mein als Fracht vorausgeschicktes großes Gepäck aus dem Zoll in Bordeaux lösen. Dieser aber war am Ostermontag geschlossen. Am Dienstag morgen hätte die

1. Holzbearbeitungsplatz in N'Eschengué

2. Die Wellblechbaracke und die Hütten des Spitals in Lambarene
Im Vordergrunde Kaffeesträucher

Zeit zur Erledigung der Sache nicht gereicht, wenn ein Beamter, den unsere Not rührte, uns nicht der vorgeschriebenen Formalitäten enthoben hätte. So wurde es mir ermöglicht, in den Besitz meiner Kisten zu kommen.

In letzter Minute bringen uns zwei Automobile mit unseren Sachen an den See-Bahnhof, auf dem der Zug, der die Passagiere für den Kongo nach Pauillac an das Schiff fahren soll, unter Dampf liegt. Das Gefühl, mit dem wir uns nach all der Aufregung und nach Entlohnung aller hilfreichen Hände im Abteil niederlassen, läßt sich nicht beschreiben.

Trompetensignale. – Die mitfahrenden Kolonialsoldaten nehmen ihre Plätze ein. Wir gleiten ins Freie. Blauer Himmel; milde Luft; Wasser; blühender Ginster; weidende Kühe. Anderthalb Stunden später hält der Zug zwischen Ballen, Kisten und Fässern. Wir sind auf dem Quai, zehn Schritt vom Schiffe entfernt, das auf den trüben Wassern der Gironde leicht hin und her schaukelt. Es führt den Namen „Europe". Drängen, Schreien, Winken nach Gepäckträgern. Man schiebt und wird geschoben, bis man über den engen Steg an Bord gekommen ist und auf Angabe des Namens die Nummer der Kabine erfährt, die einen drei Wochen lang beherbergen soll. Die unsrige ist geräumig, liegt nach vorn und weit von den Maschinen weg, was ein großer Vorteil ist.

Kaum daß man Zeit hat, sich die Hände zu waschen, so läutet es zum Mittagessen. Wir bilden einen Tisch mit etlichen Offizieren, dem Schiffsarzt, einem Militärarzt, zwei Damen von Kolonialbeamten, die sich, nach einem Erholungsurlaub, zu ihren Männern zurückbegeben. Unsere Tischgenossen sind, wie wir alsbald erfahren, schon alle in Afrika oder in anderen Kolonien gewesen. Wir fühlen uns als arme Neulinge und Stubenhocker. Ich muß an die Hühner denken, die meine Mutter jeden Sommer von dem italienischen Geflügelhändler zu den alten hinzukaufte und die dann einige Tage verschüchtert unter dem übrigen Volk einhergingen. Was mir an den Gesichtern der Mitreisenden auffällt, ist ein gewisser Ausdruck von Energie und Entschlossenheit.

Da das Schiff noch viel Ladung einzunehmen hat, fahren wir erst am Nachmittage des folgenden Tages ab. Unter trübem Himmel zieht es langsam die Gironde hinunter. Während das Dunkel anbricht, stellen sich die langen Wogen ein, die anzeigen, daß wir auf dem Ozean angelangt sind. Um neun Uhr verschwinden die letzten Schimmer der Blinkfeuer.

Vom Golf von Biscaya erzählten sich die Passagiere viel Böses. Hätten wir ihn nur schon im Rücken, sagte man an allen Tischen. Wir sollten seine Tücke erfahren. Am zweiten Tage nach der Ausfahrt setzte der Sturm ein. Das Schiff bewegte sich wie ein großes Schaukelpferd über die Fluten dahin und wälzte sich mit Behagen nach beiden Seiten. Die Kongodampfer rollen bei hohem Seegang mehr als andere Ozeanschiffe. Um den Kongo bei jedem Wasserstande bis Matadi hinauffahren zu können, sind sie für ihre Größe verhältnismäßig sehr flach gebaut.

Als Neuling im Reisen auf dem Meer hatte ich vergessen, die beiden Kabinenkoffer gut mit Stricken zu befestigen. In der Nacht fingen sie an, hintereinander herzujagen. Auch die große Hutschachtel mit den Tropenhelmen beteiligte sich an dem Spiel, ohne zu bedenken, wie schlecht es ihr dabei ergehen könnte. Als ich die Koffer einfangen wollte, wäre mir fast ein Fuß zwischen ihnen und der Kabinenwand zerquetscht worden. Ich überließ sie also ihrem Schicksal und begnügte mich damit, mich auf dem Lager festzuhalten und zu zählen, wie viel Zeit zwischen den einzelnen Schwankungen des Schiffes und dem Aufeinanderprallen meiner Gegenstände verging. Zuletzt kam zu dem entsprechenden Gepolter aus anderen Kabinen noch das Klirren des in der Küche und dem Eßsaal in Bewegung gekommenen Geschirrs. Am Morgen unterwies mich der Steward, wie man Kabinenkoffer kunstgerecht festmacht.

Drei Tage dauerte das Unwetter mit unverminderter Heftigkeit an. An Stehen oder Sitzen in den Kabinen oder in den Sälen war nicht zu denken. Man wurde in allen Ecken umhergeworfen, und mehrere Personen trugen ernstliche Verletzungen davon. Am Sonntag gab es nur kalte Speisen, weil die Köche die Herde nicht mehr bedienen konnten. Erst in der Nähe von Teneriffa kam der Sturm zur Ruhe.

Auf den ersten Anblick dieser Insel hatte ich mich sehr gefreut, da er als herrlich gerühmt wird. Ich verschlief ihn und erwachte erst, als das Schiff in den Hafen einfuhr. Kaum hatte es die Anker fallen lassen, als es auch schon von beiden Seiten von Kohlenbunkern umgeben war, aus denen die Säcke mit der Nahrung für die Maschine emporgehißt und durch große Luken in den Schiffsraum entleert wurden.

Teneriffa liegt auf einer Anhöhe, die ziemlich steil zum Meere abfällt. Es trägt ganz den Charakter einer spanischen Stadt. Die Insel ist vorzüglich bebaut und liefert die Kartoffeln für die ganze Westküste Afrikas und Frühlingskartoffeln, Frühgemüse und süße Bananen für Europa.

Gegen drei Uhr lichteten wir den Anker. Ich stand auf dem Vorderteil und beobachtete, wie er sich langsam losriß und durch das durchsichtige Wasser heraufkam. Dabei bewunderte ich einen bläulichen Vogel, der elegant über der Flut schwebte. Ein Matrose belehrte mich, daß es ein fliegender Fisch sei.

Als wir uns von der Küste nach Süden zu entfernten, stieg langsam der schneebedeckte Gipfel des höchsten Berges, den man im Hafen nicht sehen konnte, über der Insel empor und verschwamm in den Abendwolken, während wir auf mäßig bewegten Wellen dahinfuhren und das zauberhafte Blau des Wassers bewunderten.

Erst auf dieser Strecke der Fahrt machten die Insassen des Schiffes miteinander Bekanntschaft. Vertreten waren hauptsächlich Offiziere, Militärärzte und Zivilbeamte. Überrascht hat mich die geringe Zahl der Kaufleute.

Die Beamten wissen gewöhnlich nur den Ort, an dem sie landen werden. Wohin sie kommen, erfahren sie erst dort.

Zu unseren näheren Bekannten gehören ein Leutnant und ein Verwaltungsbeamter. Der letztere geht nach dem mittleren

Kongo und muß für zwei Jahre Frau und Kinder verlassen. Der Leutnant ist in derselben Lage und kommt wahrscheinlich nach Abescher hinauf. Er war schon in Tonkin, in Madagaskar, am Senegal, am Niger und am Kongo und interessiert sich für alle Verhältnisse der Kolonien. Sein Urteil über den Mohammedanismus, wie er sich unter den Negern ausbreitet, ist nicht günstig. Er sieht in ihm eine große Gefahr für die Zukunft Afrikas. „Der mohammedanische Neger", sagte er zu mir, „ist zu nichts mehr zu gebrauchen. Sie können ihm Eisenbahnen schaffen, Kanäle graben, Hunderttausende für die Bewässerung der von ihm zu bebauenden Ländereien ausgeben: nichts macht ihm Eindruck, da er grundsätzlich gegen alles Europäische, mag es noch so vorteilhaft und segensvoll sein, indifferent ist. Aber lassen Sie einen Marabut – einen islamitischen Reiseprediger – auf tänzelndem Pferd, mit grellem Mantel behangen, ins Dorf kommen, dann wird die Gesellschaft lebendig. Alle drängen sich an ihn heran und bringen ihm ihr Erspartes, um für schweres Geld Amulette gegen Krankheit, Verwundung im Kampfe, Schlangenbiß, böse Geister und böse Nachbarn zu erstehen. Wo die Negerbevölkerung islamitisch geworden ist, gibt es keinen Fortschritt, weder in kultureller noch in wirtschaftlicher Hinsicht. Als wir in Madagaskar die erste Eisenbahn bauten, standen die Eingeborenen tagelang um die Lokomotive herum, staunten sie an, jubelten, wenn sie Dampf ausstieß, und suchten sich gegenseitig zu erklären, wie das Ding laufen könne. In einer afrikanischen Stadt mit mohammedanischer Negerbevölkerung hatte man die Wasserkraft benutzt, um die elektrische Beleuchtung anzulegen. Man erwartete, daß die Einwohner von der Helligkeit überrascht würden. Am ersten Abend, an dem die Lampen brannten, blieben sie aber auf Verabredung alle in ihren Häusern und Hütten, um ihre Gleichgültigkeit gegen die Neuerung zu bezeigen."

Sehr wertvoll ist mir die Bekanntschaft eines Militärarztes, der schon zwölf Jahre Äquatorialafrika hinter sich hat und nun als Leiter des bakteriologischen Instituts nach Grand-

Bassam geht. Auf meine Bitten widmet er mir jeden Morgen zwei Stunden, spricht die gesamte Tropenmedizin mit mir durch und berichtet mir von seinen Versuchen und Erfahrungen. Er hält es für sehr notwendig, daß unabhängige Ärzte in möglichst großer Zahl sich der Eingeborenenbevölkerung widmen.

Am Tage nach der Abfahrt von Teneriffa erhielten die Truppen Befehl, außerhalb der gedeckten Räume ständig den Tropenhelm zu tragen. Die Maßregel kam mir merkwürdig vor, da es noch ziemlich frisch war, kaum wärmer als bei uns im Juni. An demselben Tage wurde ich aber von einem „alten Afrikaner" gestellt, als ich ohne Kopfbedeckung die untergehende Sonne genoß. „Von heute an", sagte er mir, „haben Sie, und wenn es auch noch gar nicht warm ist, die Sonne als Ihren schlimmsten Feind zu betrachten, ob sie aufgeht, in Mittagshöhe steht oder untergeht, ob der Himmel klar oder bedeckt ist. Worauf ihre Wirkung beruht, kann ich Ihnen nicht erklären. Aber Sie dürfen mir glauben, daß gefährliche Sonnenstiche vorkommen, noch ehe man in die Nähe des Äquators gelangt ist, und daß die scheinbar so milde Morgen- und Abendsonne noch heimtückischer ist als das in Mittagsglut strahlende Gestirn."

Als wir uns das erste Mal ganz in Weiß kleideten und den Tropenhelm aufsetzten, kam es uns seltsam vor. Wir hatten zwei Tage lang das Gefühl, in Verkleidung umherzulaufen.

In Dakar, dem großen Hafen der Senegalkolonie, betraten meine Frau und ich zum ersten Mal die afrikanische Erde, der wir unser Leben widmen wollen. Es war uns feierlich zumute.

Ich werde Dakar kein gutes Andenken bewahren, weil ich immer an die Tierquälerei denken muß, die dort geübt wird. Die Stadt liegt auf einem großen Abhang, und die Straßen sind zum Teil noch in sehr üblem Zustande. Das Los der armen, den Negern ausgelieferten Zugtiere ist schrecklich. Ich habe nirgends so abgetriebene Pferde und Maultiere gesehen wie hier. Als ich dazukam, wie zwei Neger auf einem schwer mit Holz beladenen Wagen, der in der neubeschotterten Straße steckengeblieben war, mit Schreien auf ihr armes Tier einschlugen, brachte ich es nicht über mich weiterzugehen, sondern zwang sie abzusteigen und zu schieben, bis wir zu dritt den Wagen frei hatten. Sie waren sehr verdutzt, aber gehorchten, ohne zu widersprechen. „Wenn Sie keine Mißhandlung der Tiere mitansehen können, gehen Sie nicht nach Afrika", sagte mir der Leutnant auf dem Rückweg; „Sie werden hier in diesem Punkt viel Schreckliches schauen."

In diesem Hafen haben wir Schwarze, größtenteils senegalesische Tirailleure mit Weib und Kind, an Bord genommen. Sie liegen auf dem Vorderdeck und kriechen am Abend bis über den Kopf in große Säcke, da sie unter freiem Himmel schlafen. Weiber und Kinder sind schwer mit Amuletten, die in Lederbeutelchen eingeschlossen werden, behangen. Sogar das Kind an der Mutterbrust ist davon nicht verschont.

Ich hatte mir das Gestade von Afrika öde vorgestellt und war überrascht, als wir auf dem Wege nach Konakri, der auf Dakar folgenden Station, an der Küste dahinfuhren, lauter herrlich grünen, von den Wellen bespülten Wald zu sehen. Mit dem Fernglas erblickte man auch die spitzen Zelte der Negerdörfer. Der Wasserstaub der Barre stieg wie ein Rauch davor auf. Dabei war das Meer ziemlich ruhig und die Küste erschien mir flach.

„Der Hai! Der Hai!" Ich stürze aus dem Schreibzimmer und bekomme ein schwarzes Dreieck gezeigt, das etwa fünfzig Meter vom Schiff aus dem Wasser hervorragt und sich in der Richtung des Schiffes bewegt. Es ist die Flosse des gefürchteten Ungeheuers. Wer sie einmal gesehen, vergißt sie nicht mehr und verwechselt sie mit nichts anderem. Die Häfen Westafrikas wimmeln von Haien. In Kotonou sah ich einen, von den Küchenabfällen gelockt, bis auf zehn Meter an das Schiff herankommen. Da die Beleuchtung gut und das Meer durchsichtig war, konnte ich den grau und gelb schimmernden Leib auf einige Augenblicke in seiner ganzen Länge erschauen und beobachten, wie sich das Tier halb auf den Rücken legte, um, was ihm zuträglich schien, in den bekanntlich unterwärts des Kopfes gelegenen Mund zu bekommen.

Trotz der Haie tauchen die Neger in allen diesen Häfen nach Geldstücken. Unglücksfälle kommen ziemlich selten vor, weil der Lärm, den sie dabei vollführen, sogar den Hyänen des Meeres auf die Nerven geht. In Tabou erstaunte ich, einen der tauchenden Neger schweigsam zu sehen, während die anderen nach weiteren Geldstücken schrien. Nachher merkte ich, daß es der Geschickteste unter ihnen war und stumm bleiben mußte, weil er den Mund als Geldbeutel benutzte und ihn vor Sou- und Groschenstücken fast nicht mehr zubrachte.

Von Konakri an behält der Dampfer den Strand fast stets in Sicht, Pfefferküste, Elfenbeinküste, Goldküste, Sklavenküste – –. Wenn der bewaldete Streif am Horizont von allen Greueln, die er mit angesehen, erzählen könnte! Hier landeten die Sklavenhändler und nahmen die lebendige Ware an Bord, um sie nach Amerika zu bringen. „Auch heute ist noch nicht alles in Ordnung", sagte mir der Angestellte eines großen Handelshauses, der sich zum dritten Male auf seinen Posten nach dem Kongo begibt. „Man bringt den Negern Schnaps und Krankheiten, die sie nicht kannten. Wiegt das, was wir ihnen an Gütern dafür geben, das Übel auf?"

Mehr als einmal mußte ich über dem Essen die Gäste an den verschiedenen Tischen betrachten. Alle haben schon in Afrika gewirkt. In welchem Sinne haben sie es getan? Welche Ideale hatten sie? Wie sind sie, die sich hier nett und freundlich geben, draußen auf ihrem Posten? Wie denken sie über ihre Verantwortlichkeit?. . . .

In wenigen Tagen sind wir, die dreihundert Menschen, die zusammen von Bordeaux abfuhren, allesamt am Lande, am Senegal, am Niger, am Ogowe, am Kongo und seinen Nebenflüssen bis hinauf zum Tschadsee, um unsere Posten einzunehmen und auf ihnen zwei bis drei Jahre zu weilen. Was werden wir ausrichten? Wenn man aufzeichnete, was alle, die wir hier zusammen auf dem Schiff sind, in dieser Zeit tun, was gäbe es für ein Buch! Wären keine Seiten, die man rasch umblättern müßte?...

Und das Schiff trägt uns weiter. Grand-Bassam... Kotonou... Jedesmal ein herzliches Abschiednehmen auch zwischen denen, die sich wenig gesprochen haben. „Gute Gesundheit!" Das Wort wird lächelnd, aber immer wieder und wieder ausgesprochen und hat unter diesem Himmel einen ernsten Klang. Wie werden die, denen man es zuruft, aussehen, wenn sie wieder an Bord steigen? Und werden es noch alle sein?... Die Winden und Krane schreien; die Boote tanzen auf den Wellen; die roten Dächer der Hafenstadt grüßen grell aus dem Grün heraus; die Wogen der Barre stäuben am Sand empor... und dahinter liegt das unermeßliche Land, in welchem jeder von denen, die uns jetzt verlassen, ein Herr und Herrscher sein und für seine Zukunft etwas bedeuten wird. „Gute Gesundheit! Gute Gesundheit!" Es ist mir, als wäre dieses Abschiednehmen zu unfeierlich für alles, was dahinter steht.

In Grand-Bassam, Tabou, Kotonou ist auch bei gutem Wetter der Wellenschlag so stark, daß die Passagiere nicht über das Fallreep in die Boote hinuntersteigen können, sondern zu je vier in hölzernen Kästen, wie man sie auf Jahrmarktschaukeln sieht, heruntergelassen werden müssen. Sache der den Kran bedienenden Maschinisten ist es, den guten Augenblick abzupassen, um den Behälter mit den vier Menschen auf den Boden des auf- und niedertanzenden Bootes niederzulassen; Sache der Neger im Boote ist es, diese gerade unter dem herniederkommenden Kasten zu halten. Unglücksfälle sind nicht selten. Das Ausschiffen der Waren ist auch mit großen Schwierigkeiten verbunden und überhaupt nur bei ruhigem Wetter möglich. Ich fange an zu verstehen, was es bedeutet, daß Westafrika an guten Häfen so arm ist.

In Tabou nimmt das Schiff, wie es dies auf jeder Fahrt tut, etwa fünfzig Neger als Lademannschaft an Bord. Sie begleiten es bis an den Kongo und werden auf dem Rückweg wieder an Land gesetzt. Sie sollen beim Ausladen in Libreville, Kap Lopez und Matadi, wohin die Hauptfrachten des Schiffes bestimmt sind, behilflich sein.

Ihre Arbeit besorgen sie perfekt, fast besser als die Arbeiter in Pauillac, aber gegen die mitreisenden Farbigen betragen sie sich brutal. Sowie diese ihnen in die Quere kommen, setzt es Püffe und Schläge.

Mit der Hitze habe ich mich nicht übel abgefunden und merke nichts von der Schlaflosigkeit, unter der die meisten anderen Passagiere, leider auch meine Frau, zu leiden beginnen.

Wunderbar ist abends das Leuchten des vom Schiffe gepflügten Meeres. Der Schaum ist phosphoreszent, und lichtgebende Quallen steigen in ihm wie glühende Kugeln auf.

Seit Konakri sieht man fast jede Nacht den Wetterschein der über das Land niedergehenden Gewitter. Das Schiff ging durch etliche heftige, von Wirbelsturm begleitete Regengüsse hindurch; sie brachten aber keine Abkühlung. An den Tagen, wo Wolken am Himmel sind, macht sich die Hitze viel stärker bemerkbar als an den andern. Auch die Sonne soll dann, obwohl sie nicht direkt strahlt, viel gefährlicher sein als sonst.

Am Morgen des dreizehnten April, einem Sonntag, kamen wir nach Libreville. Hier wurden wir von dem amerikanischen Missionar Ford begrüßt. Er brachte uns als erste Gabe Afrikas Blumen und Früchte aus dem Missionsgarten. Dankbar nahmen wir seine Einladung, die Missionsstation zu besuchen, an. Sie heißt Baraka und liegt auf einem Hügel, drei Kilometer von Libreville entfernt, am Strande.

Als wir durch die Reihen der schönen Bambushäuschen der Neger zum Hügel hinanstiegen, ging gerade die Kapelle aus. Wir wurden vorgestellt und hatten einige Dutzend schwarzer Hände zu schütteln. Welch ein Unterschied zwischen diesen sauber gekleideten und sittsamen Menschen und den Schwarzen, die wir bisher in den Hafenstädten gesehen hatten! Es sind überhaupt nicht mehr dieselben Gesichter. Sie haben etwas Freies und Bescheidenes zugleich, das mich von dem Frechen, Unterwürfigen und Gequälten, das mir bisher aus so vielen Negeraugen entgegengeschaut, geradezu erlöste.

Von Libreville bis Kap Lopez sind es nur acht Stunden. Als wir am Montag früh, den vierzehnten April, den Hafen in Sicht bekamen überfiel mich eine Bangigkeit, die mich in den letzten acht Tagen schon öfters heimgesucht hatte. Der Zoll! Der Zoll! Am Tische wurden seit der zweiten Hälfte der Reise Schauergeschichten über Kolonialzoll zum besten gegeben. „Zehn Prozent des Wertes der Dinge, die Sie mitführen, werden Sie wohl entrichten müssen", sagte mir ein alter Afrikaner. „Und ob die Sachen neu oder alt sind, darauf wird nicht geschaut", setzte ein anderer hinzu.

Aber der Zollbeamte ging ziemlich gnädig mit uns um. Vielleicht stimmten ihn die ängstlichen Gesichter, mit denen wir ihm die Inhaltsangabe unserer siebenzig Kisten vorlegten, zur Milde. Erleichtert kehrten wir zum Schiff zurück, um zum letzten Mal darauf zu schlafen. Es war eine ungemütliche Nacht. Waren wurden ausgeladen und Kohlen eingenommen, bis die Neger an den Ladekranen vor Müdigkeit umfielen.

Am Dienstag früh wurden wir auf das Flußboot „Alembe" verladen. Damit es den Fluß bei jedem Wasserstande befahren könne, ist es sehr flach und breit gebaut. Die beiden Räder stehen nicht seitwärts heraus, sondern liegen nebeneinander im hinteren Schiffskörper, um vor den treibenden Baumstämmen gesichert zu sein. Der „Alembe" nimmt nur die Passagiere und ihr Reisegepäck an Bord, da er schon Fracht geladen hat. Die Kisten sollen in vierzehn Tagen mit dem anderen Flußdampfer kommen.

Um neun Uhr morgens setzen wir uns in Bewegung, um bei höchster Flut sicher über die Sandbänke vor der Mündung des Ogowe zu kommen. Einige Passagiere, die sich am Lande verspätet haben, werden im Stich gelassen; sie holen uns abends in einem Motorboote ein.

Wasser und Urwald...! Wer vermöchte diese Eindrücke wiederzugeben? Es ist uns, als ob wir träumten. Vorsintflutliche Landschaften, die wir als Phantasiezeichnungen irgendwo gesehen, werden lebendig. Man kann nicht unterscheiden, wo der Strom aufhört und das Land anfängt. Ein gewaltiges Filzwerk von Wurzeln, von Lianen überkleidet, baut sich in den Fluß hinein. Palmstauden, Palmbäume, dazwischen Laubhölzer mit grünendem Gezweig und mächtigen Blättern, vereinzelte hochragende Bäume, weite Felder übermannshoher Papyrusstauden mit großen fächerartigen Blättern, in dem üppigen Grün erstorbene Bäume, vermodert zum Himmel emporragend... Aus jeder Lichtung blitzen Wasserspiegel entgegen; an jeder Biegung tun sich neue Flußarme auf. Ein Reiher fliegt schwerfällig auf und läßt sich auf einem erstorbenen Baume nieder; blaue Vögelchen schweben über dem Wasser; in der Höhe kreist ein Fischadlerpaar. Da, ein Irrtum ist unmöglich! Vom Palmbaum hängt's herunter und bewegt sich: zwei Affenschwänze! Nun werden auch die dazu gehörigen Besitzer sichtbar. Jetzt ist's wirklich Afrika.

So geht es fort, Stunde um Stunde. Jede Ecke, jede Biegung gleicht der anderen. Immer nur derselbe Wald, dasselbe gelbe Wasser. Die Monotonie steigert die Gewalt dieser Natur ins Ungemessene. Man schließt die Augen eine Stunde, und wenn man sie öffnet, erblickt man wieder genau, was vorher schon da war. Der Ogowe ist hier kein Fluß, sondern ein System von Strömen. Drei oder vier Arme schlingen sich durcheinander. Dazwischen fügen sich große und kleine Seen ein. Wie der schwarze Steuermann sich in diesem Wirrsal von Wasserläufen zurechtfindet, ist mir ein Rätsel. Die Speichen des großen Rades in den Händen lenkt er das Schiff ohne Karte aus dem großen Strom in den engen Kanal, aus diesem in den See, von hier zurück in einen großen Lauf... und so fort. Er fährt die Strecke seit sechzehn Jahren und findet sich selbst bei Mondenschein zurecht.

Die Strömung ist im Unterlauf träge, nimmt aber nach oben bedeutend zu. Unsichtbare Sandbänke und unter dem Wasser treibende Baumstämme erheischen große Vorsicht bei der Fahrt.

Nach einer längeren Fahrt halten wir an einem kleinen Negerdorf. Am Ufer sind einige hundert Holzscheite, so etwa wie sie die Bäcker brauchen, aufgespeichert. Wir legen an, um sie einzunehmen, da der Dampfer mit Holzfeuerung läuft. Eine Planke wird ans Ufer geschoben; die Neger bilden eine Kette und laden ein. An Bord steht einer mit einem Papier. Sobald zehn Scheite herüber sind, singt ihm einer vom Brett in einer schönen Kadenz zu: „Mach' einen Strich!"; beim hundertsten Stück heißt es auf dieselbe Musik: „Mach' ein Kreuz!"

Der Preis beträgt vier bis fünf Franken für hundert Scheite.

Der Kapitän macht dem Dorfältesten Vorhaltungen, daß er zu wenig Scheite bereitgehalten habe. Dieser entschuldigt sich mit pathetischen Worten und Gesten. Zuletzt läuft die Auseinandersetzung darauf hinaus, daß er lieber in Schnaps als in Geld bezahlt sein möchte, weil er meint, daß die Weißen diesen billiger bekommen als die Schwarzen und er so besser bestehen würde... Jedes Liter Alkohol zahlt zwei Franken Eingangszoll in die Kolonie. Ich muß denselben Preis für den in der Medizin zur Desinfektion gebrauchten absoluten Alkohol entrichten.

Weiter geht die Fahrt. Am Ufer verlassene und zerfallene Hütten. „Als ich vor zwanzig Jahren ins Land kam", sagt ein Kaufmann neben mir, „waren dies alles blühende Dörfer." – „Warum sind sie es nicht mehr?" frage ich. Er zuckt die Achseln und sagt leise: „Schnaps..."

Nach Sonnenuntergang legen wir an einer Faktorei an. Es werden dreitausend Scheite eingenommen, was etwa zwei Stunden dauert. „Wenn wir bei Tage hier gehalten hätten", sagt mir der Kaufmann, „würden jetzt alle Negerpassagiere (wir haben ihrer etwa sechzig) aussteigen und Schnaps kaufen. Das meiste Geld, das durch den Holzhandel ins Land kommt, wird in Schnaps umgesetzt. Ich bin in den Kolonien der verschiedensten Völker herumgekommen. Der Schnaps ist der Feind aller Kulturarbeit."

In die erhabenen Eindrücke der Natur mischt sich Schmerz und Bangen. Mit dem Dunkel des ersten Abends am Ogowe breiten sich die Schatten des Elends Afrikas über mir aus. Dazwischen singt die monotone Stimme: „Mach' einen Strich! ... Mach' ein Kreuz!" Und es wird mir gewisser als je, daß dieses Land helfende Menschen braucht, die sich nicht entmutigen lassen.

Im Mondenschein geht es weiter. Bald sieht man den Urwald nur wie einen dunklen Saum am Ufer stehn, bald streift das Schiff an der dunkeln, unerträgliche Hitze ausströmenden Wand entlang. Mild liegt das Licht des Nachtgestirns über dem Wasser. In der Ferne Wetterleuchten. Nach Mitternacht wird das Schiff in einer stillen Bucht verankert. Die Passagiere kriechen unter ihre Moskitonetze. Manche schlafen in den Kabinen, andere im Eßsaal auf den Polstern, die sich an der Wand entlang ziehen und unter denen die Postsäcke liegen.

Gegen fünf fängt die Maschine wieder an zu arbeiten. Der Wald wird noch großartiger als im Unterlauf. Wir haben über zweihundert Kilometer zurückgelegt. In der Ferne erscheint ein Hügel, darauf einige rote Dächer: die Missionsstation N'Gômô. Da während zwei Stunden Holzscheite eingenommen werden, haben wir Zeit, die Station und ihre Sägerei zu besichtigen.

Nach etwa fünf Stunden Fahrt kommen in der Ferne die sanften Höhen von Lambarene in Sicht. Der Dampfer läßt die Sirene ertönen, obwohl wir erst in einer halben Stunde ankommen werden. Aber die Bewohner der weit auseinanderliegenden Faktoreien müssen beizeiten benachrichtigt werden, damit sie sich in ihren Kanoes am Landungsplatz einfinden können, um die für sie bestimmten Frachtstücke in Empfang zu nehmen.

Von der Missionsstation Lambarene bis zur Haltestelle ist es mehr denn eine halbe Stunde Kahnfahrt. Als das Schiff anlegte, konnte daher niemand zur Stelle sein, um uns zu begrüßen. Aber während des Ausladens – die Sonne brannte heiß, es war gegen vier Uhr – sehe ich plötzlich ein langes, schmales Kanoe, von lustig singenden Knaben gerudert, um das Schiff herumschießen, und zwar so schnell, daß der darin sitzende Weiße nur gerade noch Zeit hat, sich nach hinten zu werfen, um nicht mit dem Kopf an das Haltetau des Dampfers zu schlagen. Es ist Missionar Christol mit der Unterstufe der Knabenschule; dahinter kommt ein Boot mit Missionar Ellenberger, von der Oberstufe gerudert. Die Knaben waren miteinander um die Wette gefahren und die Kleinen hatten gesiegt, wohl weil ihnen das leichtere Boot zugestanden worden war. Sie dürfen die Doktorsleute fahren; die andern laden das Gepäck auf. Welch herrliche Kindergesichter! Gravitätisch spaziert ein Knirps mit meinem schweren Gewehr einher.

Bei der Fahrt im Kanoe war uns anfänglich etwas unbehaglich zumute. Da diese Boote nur aus einem ausgehöhlten Baumstamm bestehen und sehr flach und schmal gebaut sind, kommen sie bei der geringsten Bewegung aus dem Gleichgewicht. Die Ruderer sitzen nicht, sondern stehen, was der Stabilität des Bootes auch nicht zuträglich ist. Mit einer langen, schmalen, frei in der Hand geführten Schaufel, der Paddel, schlagen sie das Wasser und singen dazu, um im Takt zu bleiben. Die ungeschickte Bewegung eines einzigen Ruderers kann das Kanoe zum Umschlagen bringen.

Nach einer halben Stunde haben wir die Ängstlichkeit überwunden und genießen die herrliche Fahrt. Die Knaben fahren mit dem seinen Weg stromaufwärts fortsetzenden Dampfer um die Wette und rennen in ihrem Eifer beinahe ein Kanoe mit drei alten Negerweiblein um.

Vom Hauptstrom geht es nach einer halben Stunde, immer unter fröhlichem Gesang, in einen Nebenarm. Einige weiße Punkte auf der von der sinkenden Sonne umfluteten Anhöhe: die Häuser der Station. Je näher wir kommen, desto lauter wird der Gesang. Nun wird der von einem Gewitterwind bewegte Fluß überquert, das Boot gleitet in die kleine Bucht.

Zunächst heißt es, eine Reihe schwarzer Hände drücken. Dies sind wir nun schon gewohnt. Dann werden wir von Frau Missionar Christol, der Lehrerin Fräulein Humbert und dem Handwerkermissionar Herrn Kast den Hügel hinauf zu unserem Häuschen geleitet, das die Kinder in aller Eile mit Blumen und Palmzweigen geschmückt hatten. Ganz aus Holz gebaut, ruht es auf etwa vierzig eisernen Pfählen, die einen halben Meter aus dem Boden stehen. Eine Veranda läuft um die vier Zimmerchen herum. Die Aussicht ist entzückend: unten der Flußarm, der sich an einzelnen Stellen zu einem See ausdehnt; ringsum Wald; in der Ferne wird ein Streifen des Hauptstromes sichtbar; dahinter liegen blaue Berge.

Kaum daß wir Zeit haben, das Notwendigste auszupacken, ist die Nacht, die hier gleich nach sechs Uhr beginnt, hereingebrochen. Die Glocke ruft die Kinder zur Abendandacht in den Schulsaal. Ein Heer von Grillen fängt an zu zirpen und begleitet den Choral, der zu uns herüber dringt. Ich sitze auf einem Koffer und höre ergriffen zu. Da kriecht ein häßlicher Schatten an der Wand herunter. Ich schaue erschreckt auf und erblicke eine mächtige Spinne. Sie ist viel größer als die stattlichste, die ich je in Europa gesehen. Eine bewegte Jagd, und sie ist erschlagen.

Nach dem Abendessen bei Christols erscheinen die Schulkinder vor der mit etlichen Lampions geschmückten Veranda und singen zweistimmig, nach der Melodie eines schweizerischen Volksliedes, einige von Missionar Ellenberger auf die Ankunft des Doktors gedichtete Verse. Wir werden mit Laternen auf dem Pfad, der sich den Hügel entlangzieht, nach Hause geleitet. Aber ehe an Ruhe zu denken ist, muß noch ein Kampf mit Spinnen und großen fliegenden Schaben (Kakerlaken), die das lange unbewohnte Haus als ihr Eigentum betrachten, bestanden werden.

Um sechs Uhr morgens läutet die Glocke. Der Choral der Kinder in der Schule ertönt. Nun beginnt die neue Tätigkeit in der neuen Heimat.

III. ERSTE EINDRÜCKE UND ERLEBNISSE

Lambarene, Ende Juli 1913

Auf der Missionsstation war bekanntgegeben worden, daß man den Doktor außer in dringenden Fällen erst drei Wochen nach seiner Ankunft besuchen sollte, damit er Zeit hätte, sich einzurichten. Natürlich wurde das Gebot nicht beachtet. Zu jeder Tageszeit erschienen Kranke vor meinem Haus. Das Praktizieren war schwer, da ich immer auf einen zufällig des Weges kommenden Dolmetscher angewiesen war und überdies nur die wenigen Medikamente, Instrumente und Verbandstoffe besaß, die ich in meinem Reisegepäck mitgeführt hatte.

Ein Jahr vor meiner Ankunft hatte sich ein schwarzer Lehrer der Missionsschule in Samkita, N'Zeng mit Namen, als Übersetzer und Heilgehilfe des Doktors angeboten, und ich hatte ihm sagen lassen, er solle sogleich nach meinem Eintreffen nach Lambarene kommen. Er kam aber nicht, weil er in seinem Heimatdorfe, über hundert Kilometer von hier, noch ein Palaver in einer Erbschaftssache zu erledigen hatte. Nun mußte ich ihm ein Kanoe schicken und ihn auffordern, möglichst schnell einzutreffen. Er sagte zu; aber eine Woche nach der anderen verging, ohne daß er kam. Lächelnd schaute mich Missionar Ellenberger an. „Doktor", sagte er, „Ihre Lehrzeit in Afrika beginnt. Zum ersten Mal erleben Sie, was Sie dann jeden Tag als eine endlose Prüfung hinnehmen müssen: die Unzuverlässigkeit der Schwarzen."

In der Nacht vom sechsundzwanzigsten auf den siebenundzwanzigsten April hörten wir die Sirene des Flußdampfers. Unsere Kisten wurden auf der katholischen Mission, die am Hauptstrome liegt, abgeladen. Der Kapitän des Dampfers weigerte sich, aus Angst vor dem ihm unbekannten Fahrwasser des Nebenarmes, zu uns herüberzufahren. Herr Champel und Herr Pelot, die Handwerkermissionare von N'Gômô, waren

3. Flußdampfer auf dem Ogowe

4. Das Häuschen des Doktors aus der Ferne und von vorn
Im Vordergrund Orangen- und Zitronenbäume

5. Das Häuschen des Doktors aus der Nähe und von der Seite

nach Lambarene gekommen, um uns mit zehn ihrer Negerarbeiter bei dem Transport unserer Sachen behilflich zu sein. Große Sorge hatte ich mir um den Transport meines eigens für die Tropen gebauten, mit Orgelpedal versehenen Klaviers gemacht, das mir die Gesellschaft der Bachkonzerte in Paris als ihrem langjährigen Organisten geschenkt hatte, damit ich für die Zukunft gut in Übung bliebe. Es erschien mir unmöglich, dieses Klavier in seiner schweren, mit Zink ausgeschlagenen Kiste in einem ausgehöhlten Baumstamm – andere Boote gibt es hier nicht – zu transportieren. Eine Faktorei besaß aber ein solches aus einem gewaltigen Baumstamm gehauenes Kanoe, das an die drei Tonnen tragen konnte. Sie lieh es mir. Man hätte darauf fünf Klaviere transportieren können!

So brachten wir in heißer Arbeit die siebenzig Kisten über den Strom nach der Station. Nun galt es, sie vom Ufer auf den Hügel hinaufzuschaffen. Was auf der Station gesunde Gliedmaßen hatte, griff mit an. Mit Eifer taten sich die Schulkinder hervor. Es war lustig anzuschauen, wie eine Kiste plötzlich ungezählte schwarze Beine unter sich bekam, während ihr gleichzeitig zwei Reihen Wollschädel seitwärts herauswuchsen, worauf sie mit Lärm und Geschrei den Hügel hinaufkroch. Nach drei Tagen war alles oben, und die Helfer von N'Gômô konnten sich wieder nach Hause begeben. Wir wußten nicht, wie ihnen für diese Güte zu danken. Ohne sie hätten wir den Transport nicht bewältigen können.

Das Auspacken war unerquicklich. Wir hatten Mühe, die Sachen unterzubringen. Man hatte sich vorgenommen, mir eine Wellblechbaracke als Spital zu bauen. Aber nicht einmal ihr Gebälk konnte fertiggestellt werden, weil die Missionsstation keine Arbeiter fand. Der Holzhandel geht seit einigen Monaten sehr gut, und die Kaufleute zahlen den Arbeitern Löhne, mit denen die Mission nicht konkurrieren kann. Damit ich wenigstens die notwendigsten Medikamente aufstellen konnte, brachte mir Herr Kast, der Handwerkermissionar, Schäfte in meinem Wohnzimmer an, für die er das Holz selber zurechtgeschnitten und gehobelt hatte. Man muß Afrika kennen, um zu ermessen, was ein Schaft an der Wand für einen Reichtum bedeutet.

Daß ich keinen Raum zum Untersuchen und Behandeln der Kranken hatte, bedrückte mich sehr. In meine Stube durfte ich, der Gefahr der Infektion wegen, die Patienten nicht nehmen. Man richtet sich, so belehrten mich die Missionare gleich von Anfang an, in Afrika so ein, daß die Schwarzen die Wohnräume der Weißen so wenig als möglich betreten. Das gehört zur Selbsterhaltung.

Ich behandelte und verband also im Freien vor dem Hause. Wenn aber das abendliche Gewitter einsetzte, mußte alles in Eile auf die Veranda zurückgetragen werden. Das Praktizieren in der Sonne war furchtbar ermüdend.

In der Not entschloß ich mich, den Raum, den mein Vorgänger im Hause, Missionar Morel, als Hühnerstall benutzt hatte, zum Spital zu erheben. Man brachte mir einige Schäfte an der Wand an, stellte eine alte Pritsche hinein und strich mit einer Kalklösung über den ärgsten Schmutz. Ich fühlte mich überglücklich. Zwar war es erdrückend schwül in dem kleinen, fensterlosen Raum, und den Tropenhelm mußte man des fehlerhaften Daches wegen den ganzen Tag aufbehalten. Aber beim Eintreten des Gewitters brauchte ich doch nicht alles zu bergen. Mit Wonne hörte ich den Regen zum ersten Mal auf das Dach herniederprasseln, und es kam mir als etwas Unbegreifliches vor, daß ich nun ruhig weiter verbinden durfte.

Zu derselben Zeit fand ich auch einen Dolmetscher und Gehilfen. Unter meinen Patienten war mir ein sehr intelligent aussehender und das Französische ausgezeichnet beherrschender Eingeborener aufgefallen. Er erzählte mir, daß er Koch sei, das Handwerk aber aufgeben müsse, weil es sich mit seiner Gesundheit nicht vertrüge. Ich bat ihn, aushilfsweise bei mir einzutreten, da wir keinen Koch finden konnten, und mir nebenbei als Dolmetscher und Heilgehilfe zu dienen. Er heißt Joseph und ist sehr anstellig. Daß er sich in der Anatomie aus alter Gewohnheit an die Küchensprache hält, ist nicht weiter verwunderlich. „Dieser Mann hat Weh im rechten Gigot." „Diese Frau hat Schmerzen in den oberen linken Koteletten und im Filet."

Ende Mai kam auch der zum voraus engagierte N'Zeng. Da er mir nicht zuverlässig erschien, behielt ich Joseph dennoch bei. Joseph ist ein Galoa, N'Zeng ein Pahouin.

Der Betrieb ist nun leidlich geregelt. Meine Frau hat die Instrumente unter sich und trifft die Vorbereitungen zu den chirurgischen Eingriffen, bei denen sie als Assistentin fungiert. Zugleich hat sie die Oberaufsicht über die Verbandstoffe und die Operationswäsche.

Die Konsultation beginnt gegen halb neun Uhr morgens. Die Kranken warten auf Bänken im Schatten meines Hauses vor dem Hühnerstall, in dem ich amtiere. Jeden Morgen trägt einer der Heilgehilfen die Hausordnung des Doktors vor. Sie lautet:

1. Es ist verboten, in der Nähe des Doktorhauses auf den Boden zu spucken.

2. Es ist den Wartenden untersagt, sich miteinander laut zu unterhalten.

3. Die Kranken und ihre Begleiter sollen für einen Tag Nahrung mitbringen, da nicht alle schon morgens behandelt werden können.

4. Wer ohne Erlaubnis des Doktors die Nacht auf dem Boden der Station verbringt, wird ohne Medikamente fortgeschickt. (Es kam nämlich nicht selten vor, daß von weit her gekommene Patienten nachts in den Schlafsaal der Schulknaben eindrangen, sie vor die Tür setzten und ihre Plätze einnahmen.)

5. Die Flaschen und die Blechschachteln, in denen man die Medikamente erhält, müssen wieder zurückgebracht werden.

6. Wenn das Schiff in der Mitte des Monats den Strom hinaufgefahren ist, soll man außer in dringenden Fällen den Doktor nicht aufsuchen, bis das Schiff wieder heruntergefahren ist, da er während jener Tage um die guten Medikamente nach

Europa schreibt. (Das Schiff der Mitte des Monats bringt die Post von Europa beim Herauffahren und nimmt später, auf dem Rückweg, die unsrige mit.)

Diese Gebote und Verbote werden auf galoanisch und pahouinisch sehr umständlich vorgetragen, so daß eine längere Aussprache daraus erwächst. Die Anwesenden begleiten jeden Absatz mit verständnisvollem Kopfnicken. Zum Schlusse kommt die Aufforderung, die Worte des Doktors in allen Dörfern am Flusse und an den Seen bekanntzumachen.

Um halb ein Uhr verkündet der Heilgehilfe: „Der Doktor will essen." Wieder verständnisvolles Kopfnicken. Die Patienten zerstreuen sich, um im Schatten ihre Bananen zu verzehren. Um zwei Uhr kommen sie wieder. Wenn die Dunkelheit um sechs Uhr einbricht, sind oft die letzten noch nicht erledigt und müssen auf den folgenden Tag vertröstet werden. An eine Behandlung bei Licht ist der Moskitos und der mit ihnen gegebenen Fiebergefahr wegen nicht zu denken.

Beim Weggang erhält jeder Kranke eine runde Scheibe aus Pappe, durch die ein Stück Bastschnur gezogen ist. Auf ihr ist die Nummer vermerkt, unter der sein Name, seine Krankheit und die Medikamente, die er erhalten hat, in meinem Krankenbuche verzeichnet sind. Kommt er wieder, so brauche ich dann nur die betreffende Seite aufzuschlagen, um über den Fall gleich orientiert und eines neuen zeitraubenden Ausfragens überhoben zu sein. In dem Buche ist auch aufgezeichnet, wieviel Flaschen, Blechschachteln und Verbandgegenstände der Patient mitbekam. Mit dieser Kontrolle ist es mir möglich, diese Gegenstände zurückzufordern und in etwa der Hälfte der Fälle auch zurückzubekommen. Was Flaschen und Blechdosen in der Wildnis für einen Wert haben, ermißt nur der, der in die Lage kam, im Urwald Medikamente zum Mitnehmen verpacken zu müssen.

Die Feuchtigkeit der Luft ist hier so groß, daß auch Medikamente, die in Europa in Papier eingewickelt sind oder in einer Pappschachtel verabreicht werden können, sich nur in einer verkorkten Flasche oder in einer gut schließenden Blechdose halten. Dies hatte ich nicht genug bedacht und bin deswegen so in Not, daß ich mich mit den Patienten um eine Blechschachtel, die sie behaupten vergessen oder verloren zu haben, zanken muß. Meine Freunde in Europa werden von mir mit jeder Post gebeten, Flaschen, Fläschchen, mit Kork verschlossene Glastuben und Blechbüchsen aller Größen im Bekanntenkreise für mich zu sammeln. Wie freue ich mich auf den Tag, wo ich an solchen Gegenständen genügend Vorrat haben werde.

Die runde Scheibe aus Pappe mit der Nummer tragen die meisten Kranken um den Hals neben dem durchlochten Blech, das anzeigt, daß sie der Regierung die fünf Franken Kopfsteuer für das laufende Jahr entrichtet haben. Es kommt selten vor, daß sie sie verlieren oder vergessen. Manche, besonders von den Pahouins, sehen sie wohl auch für eine Art Fetisch an.

Mein Name bei den Eingeborenen in der Galoasprache ist „Oganga", das heißt Fetischmann. Sie haben keine andere Bezeichnung für Arzt, weil die schwarzen Heilkünstler alle zugleich Fetischmänner sind. Meine Patienten nehmen als logisch an, daß der, der Krankheiten heilt, auch Macht besitze, sie hervorzurufen, und zwar auf Entfernung. Der Gedanke, für ein gutes und zugleich so gefährliches Wesen zu gelten, ist mir merkwürdig.

Daß die Krankheiten ihre natürliche Ursache haben, setzen meine Patienten nicht voraus. Sie führen sie auf böse Geister, auf Zauberei der Menschen und auf den „Wurm" zurück. Der Wurm ist für sie die Verkörperlichung des Schmerzes. Werden sie aufgefordert, über ihren Zustand zu berichten, so erzählen sie die Geschichte des Wurmes, wie er zuerst in den Beinen war, dann in den Kopf kam, von hier nach dem Herzen wanderte, aus diesem in die Lunge ging und sich zuletzt im Bauch festsetzte. Alle Medikamente sollen gegen ihn gerichtet sein. Habe ich mit Opiumtinktur das Grimmen gestillt, so kommt der Patient andern Tages freudestrahlend und verkündet, der Wurm wäre aus dem Leibe vertrieben, aber er säße jetzt im Kopf und fräße am Hirn und ich solle jetzt noch das Mittel gegen den Wurm im Kopfe geben.

Sehr viel Zeit verliere ich, ihnen begreiflich zu machen, wie sie das Medikament nehmen sollen. Immer und immer wieder wiederholt der Dolmetscher es ihnen; sie müssen es aufsagen; es wird auf die Flasche oder Schachtel geschrieben, damit es ihnen ein des Lesens Kundiger in ihrem Dorfe wiederholen kann: aber zuletzt bin ich doch nicht sicher, ob sie nicht die ganze Flasche in einem Male austrinken oder nicht die Salbe essen und das Pulver in die Haut einreiben.

Im Durchschnitt habe ich jeden Tag etwa dreißig bis vierzig Kranke zu behandeln.

Zu sehen bekomme ich hauptsächlich: Hautgeschwüre verschiedener Art, Malaria, Schlafkrankheit, Lepra, Elephantiasis, Herzkrankheiten, Knocheneiterungen und tropische Dysenterie.

Um dem Eiterfluß der Geschwüre Einhalt zu tun, streuen die Eingeborenen ein aus einer bestimmten Baumrinde hergestelltes Pulver auf die offene Stelle. Es entsteht dann ein erstarrender Teig, der den Ausfluß des Eiters hindert und die Sache nur noch schlimmer macht.

Bei der Aufzählung der hauptsächlich zur Behandlung kommenden Leiden sei die Krätze (Scabies) nicht vergessen. Sie schafft den Schwarzen sehr viel Not. Ich bekomme Patienten zu sehen, die seit Wochen nicht geschlafen haben, weil sie fortwährend vom Jucken gepeinigt werden. Manche haben sich den ganzen Körper wund gekratzt, so daß zur Krätze noch eiternde Geschwüre hinzutreten. Die Behandlung ist sehr einfach. Nachdem der Patient im Fluß gebadet hat, wird er, so lang er ist, mit einer Salbe angestrichen, die ich aus Schwefelpulver (Sulfur depuratum), rohem Palmöl, Ölresten aus Sardinenbüchsen und Schmierseife bereite. In einer Blechdose, in der sterilisierte Milch ankam, erhält er noch eine Portion mit, um sich zu Hause zweimal selber anzustreichen. Der Erfolg ist ausgezeichnet. Am zweiten Tag bereits läßt das Jucken nach. Meine Krätzsalbe hat mich in wenig Wochen weithin berühmt gemacht.

Die Eingeborenen haben sehr viel Vertrauen in die Medizin der Weißen. Dies rührt zum großen Teil daher, daß unsere

Missionare am Ogowe sie seit einem Menschenalter mit Aufopferung und zum Teil mit sehr guten Kenntnissen behandelt haben. Besonders zu nennen sind die im Jahre 1906 verstorbene Frau Missionar Lantz in Talagouga, eine Elsässerin, und Herr Missionar Robert in N'Gômô, ein Schweizer, der zurzeit schwer krank in Europa weilt.

Sehr erschwert wird mir die Tätigkeit dadurch, daß ich im Hühnerstall nur wenige Medikamente unterbringen kann. Fast für jeden Patienten muß ich über den Hof in mein Arbeitszimmer gehen, um dort das betreffende Mittel abzuwiegen oder zu bereiten, was sehr ermüdend und zeitraubend ist.

Wann wird die Blechbaracke für das Spital ernstlich in Angriff genommen werden können? Wird sie fertig werden, ehe die große Regenzeit im Herbst einsetzt? Was soll ich anfangen, wenn sie nicht fertig wird? In der heißen Zeit kann ich in dem Hühnerstall nicht arbeiten.

Sorge bereitet mir auch, daß ich fast keine Medikamente mehr habe. Die Klientel ist viel zahlreicher, als ich gedacht hatte. Mit der Junipost habe ich große Bestellungen gemacht. Sie können aber erst in drei oder vier Monaten ankommen. Chinin, Antipyrin, Bromkalium, Salol und Dermatol sind bis auf wenige Gramm aufgebraucht.

Aber was bedeuten alle diese vorübergehenden Widerwärtigkeiten im Vergleich zu der Freude: hier wirken und helfen zu dürfen! Mögen die Mittel noch so beschränkt sein: was man damit ausrichten kann, ist viel. Schon allein die Freude der mit Geschwüren Behafteten zu sehen, wenn sie endlich einmal sauber verbunden sind und mit ihren wunden Füßen nicht immer im Schmutz laufen müssen, wäre es wert, daß man hier arbeitete! Ich möchte, daß meine Geber an den Montagen und Donnerstagen, die für das regelmäßige Verbinden der Geschwüre aus der Umgegend angesetzt sind, die frisch verbundenen Patienten, die den Hügel heruntersteigen oder heruntergetragen werden, sehen könnten oder daß sie die beredten Gesten zu verfolgen vermöchten, mit denen mir eine herzkranke alte Frau beschreibt, wie sie auf Digitalis wieder zu atmen und zu schlafen vermocht habe, weil der „Wurm" vor dem Medikament sich ganz unten in die Füße verkrochen hätte!

Überschaue ich die zweieinhalb Monate meines bisherigen Wirkens, so kann ich nur sagen, daß ein Arzt sehr, sehr notwendig ist, daß die Eingeborenen auf weithin im Umkreis seine Hilfe in Anspruch nehmen und daß er mit verhältnismäßig kleinen Mitteln unverhältnismäßig viel auszurichten vermag.

Die Not ist groß. „Bei uns ist jedermann krank", sagte mir dieser Tage ein junger Mann. „Dies Land frißt seine Menschen", bemerkte ein alter Häuptling...

IV. JULI 1913 BIS JANUAR 1914

Lambarene, Februar 1914

Die Missionsstation Lambarene ist auf drei Hügeln gebaut. Der am weitesten stromaufwärts gelegene trägt auf seinem Gipfel die Gebäulichkeiten der Knabenschule und auf seinem dem Flusse zugekehrten Hange das Magazin der Mission und das größte der Missionarshäuser. Auf dem mittleren Hügel steht das Häuschen des Doktors, auf dem stromabwärts gelegenen sind die Mädchenschule und das andere Missionshaus erbaut. Zwanzig Meter jenseits der Häuser zieht sich der Urwald hin. Wir leben also zwischen Wasser und Urwald auf drei Hügeln, die jedes Jahr aufs neue gegen die Wildnis, die ihr Eigentum zurückhaben will, verteidigt werden müssen. Um die Häuser herum sind die Kaffeesträucher, Kakao-, Zitronen-, Orangen-, Mandarinen- und Mangobäume, Ölpalmen und Papayabäume gepflanzt. Der Ort heißt bei den Negern von altersher Andende. Wie danken wir es den ersten Missionaren, daß sie mit so vieler Mühe Bäume großgezogen haben!

Die Missionsstation ist etwa sechshundert Meter lang und hundert bis zweihundert Meter tief. Beim abendlichen und beim sonntäglichen Spaziergang durchmißt man sie mehrmals nach allen Richtungen. Zu Spaziergängen auf den Urwaldpfaden, die zu den nächsten Dörfern führen, entschließt man sich schwer, weil die Hitze auf ihnen unerträglich ist. Als eine dreißig Meter hohe, undurchdringliche Mauer ragt der Urwald zu beiden Seiten des schmalen Weges empor. Kein Lüftchen bewegt sich. In der trockenen Jahreszeit ergeht man sich auf den dann trocken liegenden Sandbänken des Flusses und genießt die leichte Brise, die den Strom heraufzieht.

Bewegung und Luft fehlen einem in Lambarene in gleicher Weise. Man lebt wie in einem Gefängnis. Könnten wir eine Ecke des Urwaldes, der die Station stromabwärts einschließt, umhauen, so käme etwas von der Brise im Flußtale zu uns. Aber wir haben weder die Geldmittel noch die Leute, um so gegen den Urwald vorzugehen.

Für die Gebäulichkeiten des Spitals war ursprünglich der Höhenrücken, auf welchem die Knabenschule steht, in Aussicht genommen. Da mir der Platz aber zu abgelegen und zu klein ist, hatte ich mit den Missionaren der Station ausgemacht, daß mir ein Platz am Fuße des von mir bewohnten Hügels gegen den Fluß zu zugestanden würde. Dieser Beschluß mußte von der Konferenz der Missionare, die auf Ende Juli nach Samkita einberufen war, bestätigt werden. Ich fuhr also mit Herrn Ellenberger und Herrn Christol dorthin, um meine Sache zu vertreten. Es war meine erste längere Reise im Kanoe.

An einem nebligen Morgen, zwei Stunden vor Tag, fuhren wir ab. Im vorderen Teile saßen die zwei Missionare und ich hintereinander auf Liegestühlen. Der mittlere Raum wurde von unseren Blechkoffern, den zusammengelegten Feldbetten, den Schlafmatten und dem aus Bananen bestehenden Reiseproviant der Schwarzen eingenommen. Hinten standen die zwölf Ruderer in zwei Reihen zu sechsen hintereinander. Sie sangen, wohin die Reise ginge und wer an Bord sei. Zugleich flochten sie klagende Bemerkungen ein, daß sie so früh an die Arbeit müßten und einen so schweren Tag vor sich hätten.

Für die sechzig Kilometer stromaufwärts bis Samkita rechnet man gewöhnlich zehn bis zwölf Stunden. Da das Boot sehr schwer beladen war, mußten noch einige darüber hinaus in Anschlag gebracht werden.

Als wir aus dem Flußarm in den großen Strom kamen, wurde es Tag. Um die mächtigen Sandbänke herum, etwa dreihundert Meter vor uns, sah ich einige schwarze Striche sich im Wasser bewegen. Gleichzeitig verstummte der Gesang der Ruderer wie auf Kommando. Es waren Nilpferde, die ihr Morgenbad nahmen. Die Eingeborenen fürchten sie sehr und fahren in weitem Bogen um sie herum, da sie in ihrer Laune unberechenbar sind und schon manches Boot zertrümmert haben.

Ein früher in Lambarene stationierter Missionar pflegte sich über die Ängstlichkeit seiner Ruderer lustig zu machen und sie anzutreiben, näher an die Nilpferde heranzufahren. Als er einmal gerade wieder im Begriffe war, sie auszulachen, wurde das Boot von einem plötzlich auftauchenden Nilpferd in die Höhe geworfen, und er vermochte sich mit seiner Mannschaft nur mit Mühe zu retten. Sein ganzes Gepäck ging verloren. Das Loch, das das Tier in den dicken Boden des Bootes gestoßen hatte, ließ er umsägen und bewahrt es zum Andenken auf. Diese Geschichte, die sich vor einigen Jahren zutrug, wird jedem Weißen erzählt, der seine Ruderer ersucht, näher an die Nilpferde heranzufahren.

Die Eingeborenen halten sich immer ganz nahe am Ufer, weil hier die Strömung geringer ist; streckenweise trifft man sogar eine talaufwärts gehende Gegenströmung. Man kriecht also am Ufer entlang, möglichst im Schatten der überhängenden Bäume.

Das Kanoe hat kein Steuer. Der am hinteren Ende des Bootes stehende Ruderer regiert es im Einvernehmen mit dem vorne befindlichen, der nach Untiefen, Klippen und Baumstämmen Ausschau hält.

Das Unangenehmste bei diesen Fahrten sind Licht und Hitze, die vom Wasser zurückgeworfen werden. Man hat das Gefühl, aus dem flimmernden Spiegel mit feurigen Pfeilen beschossen zu werden.

Für den Durst hatten wir herrliche Ananas mit, drei für jeden.

Mit der Sonne waren die Tse-Tse-Fliegen aufgetaucht. Sie fliegen nur untertags. Mit ihnen verglichen sind die schlimmsten Moskitos harmlose Geschöpfe. Die Tse-Tse ist etwa anderthalbmal so groß wie unsere gewöhnliche Stubenfliege, der sie äußerlich gleicht, nur daß ihre Flügel nicht parallel zueinander liegen, sondern sich decken, wie die zwei Klingen einer Schere.

Um sich Blut zu verschaffen, sticht die Tse-Tse durch die dicksten Tuche. Dabei ist sie äußerst vorsichtig und schlau und weicht der schlagenden Hand geschickt aus. Sowie sie fühlt, daß der Körper, auf dem sie sich niedergelassen hat, eine auch noch so kleine Bewegung ausführt, fliegt sie auf und verbirgt sich an der Wand des Bootes.

Der Flug ist lautlos. Nur mit kleinen Besen kann man sich ihrer einigermaßen erwehren. Vorsichtig wie sie ist, vermeidet sie es, sich auf einen hellen Grund, auf dem sie gut sichtbar würde, niederzulassen. Darum sind weiße Kleider der beste Schutz gegen sie.

Auf unserer Fahrt fand ich diese Regel voll bestätigt. Zwei von uns trugen Weiß, der andere Gelb. Die zwei hatten fast keine Tse-Tse auf sich; der andere wurde dauernd belästigt. Am meisten hatten die Schwarzen zu leiden.

Bekanntlich gehört die Glossina palpalis, die Verbreiterin der Schlafkrankheit, zu den Tse-Tse.

Um zwölf Uhr wurde in einem Negerdorf haltgemacht. Während wir unser Mitgenommenes verzehrten, brieten die Ruderer ihre Bananen. Ich hätte ihnen für ihre angestrengte Arbeit eine kräftigere Kost gewünscht.

Erst spät in der Nacht kamen wir an.

Der Eindruck, den ich von der eine Woche tagenden Konferenz empfing, war ein sehr starker. Es war ein erhebendes

Gefühl für mich, mit Männern zusammen zu sein, die seit Jahren auf so vieles verzichtet hatten, um sich den Eingeborenen zu widmen. Ich genoß die wohltuende, herzerfrischende Atmosphäre.

Mein Vorschlag fand freundliche Aufnahme. An der von mir in Aussicht genommenen Stelle sollen die Wellblechbaracke und die andern Spitalbauten aufgeführt werden. Die Mission gibt etwa zweitausend Franken zu dem Bau.

Bei der Heimfahrt kreuzten wir zweimal den Fluß, um Nilpferden auszuweichen. Eines tauchte fünfzig Meter von uns entfernt auf.

Erst bei Einbruch der Dunkelheit gelangten wir an die Einfahrt in den kleinen Flußarm. Eine Stunde lang mußten wir den Weg zwischen Sandbänken suchen, wobei die Ruderer streckenweise ausstiegen und das Boot schleiften.

Endlich freies Wasser. Der Gesang steigert sich zum Gebrüll und macht in der Ferne Lichter lebendig, die sich im Zickzack nach unten bewegen und dort nebeneinander haltmachen. Es sind die Damen von Lambarene, die den Heimkehrenden mit Laternen an den Landungsplatz entgegenkommen.

Das Boot saust durch die Wellen und fährt dann mit einem Ruck das Gestade hinauf. Triumphgeheul der Ruderer! Ungezählte schwarze Hände strecken sich nach Kisten, Betten, Koffern und dem von Samkita mitgebrachten Gemüse aus. Dies zu Herrn Christol! Dies zu Herrn Ellenberger! Dies zum Doktor! Faßt's zu zweit, es ist zu schwer für einen! Nicht hinwerfen! Achtung auf das Gewehr! Halt, nicht hierher, dorthin!

Endlich ist die ganze Ladung richtig nach den verschiedenen Häusern dirigiert, und wir steigen froh den Hügel hinauf.

Zuerst galt es jetzt, den Bauplatz für das Spital einzuebnen und einige Kubikmeter Erde abzutragen. Mit Mühe und Not gelang es der Mission, dafür fünf Arbeiter zu gewinnen, die an Faulheit Großartiges leisteten. Zuletzt riß mir die Geduld. Ein mir bekannter Holzhändler, Herr Rapp, war mit einer Karawane zur Erkundung der umliegenden Wälder, in denen er

Konzessionen erwerben will, eingetroffen und rastete in der katholischen Mission, um seine Korrespondenz zu erledigen. Auf meine Bitten stellte er mir acht seiner stämmigen Träger zur Verfügung. Ich versprach ihnen schöne Belohnung und griff selber zur Schaufel, während der schwarze Aufseher der Karawane sich im Schatten eines Baumes niederließ und zuweilen ermunternde Rufe an uns richtete.

Als zwei Tage mit Eifer gearbeitet worden war, hatten wir den Erdhaufen abgetragen und den Platz geebnet. Die Arbeiter zogen mit ihrem Lohn ab. Leider setzten sie ihn, trotz meiner Vermahnung, unterwegs auf einer Faktorei ganz in Schnaps um, kamen erst in der Nacht total betrunken nach Hause und waren am anderen Tage zu nichts zu gebrauchen.

Nun kann mit dem Bau des Spitals begonnen werden.

Joseph und ich besorgen die Arbeit jetzt allein. N'Zeng ist im August auf Urlaub in sein Dorf gefahren und, da er nicht zur bestimmten Zeit zurückkehrte, abgesetzt worden. Joseph bekommt siebenzig Franken monatlich; als Koch in Kap Lopez hatte er hundertundzwanzig. Es fällt ihm schwer, sich dareinzufinden, daß die intellektuellen Berufe weniger gut bezahlt sind als die anderen.

Die Zahl der Herzkranken überrascht mich immer mehr. Sie ihrerseits sind erstaunt, daß ich ihre ganzen Leiden kenne, wenn ich sie mit dem Hörrohr behorcht habe. „Jetzt glaube ich, daß dies ein rechter Doktor ist!" rief letzthin eine herzkranke Frau Joseph zu. „Er weiß, daß ich nachts oft nicht atmen kann und vielmals geschwollene Füße habe, und ich habe ihm nichts davon gesagt, und er hat nicht einmal meine Füße angeschaut."

Bei mir selber muß ich denken, daß es doch etwas Herrliches um die Herzmittel der modernen Medizin ist.

Ich gebe Digitalis in alltäglichen Dosen von ein Zehntel Milligramm Digitalin durch Wochen und Monate hindurch und bin von den Erfolgen dieser Methode sehr befriedigt.

Freilich sind Herzkranke hier leichter zu behandeln als in Europa. Wenn ihnen auf Wochen hinaus Ruhe verordnet wird, so brauchen sie nicht einzuwenden, daß ihnen Verdienst und Stellung entgehen, sondern sie „setzen sich in ihrem Dorfe". Die Familie in weitestem Sinne erhält sie.

Geisteskranke gibt es hier relativ viel weniger als in Europa. Jedoch habe ich ihrer schon ein halbes Dutzend zu sehen bekommen. Sie sind eine große Sorge für mich, da ich nicht weiß, wo ich sie unterbringen soll. Behalte ich sie auf der Station, so lärmen sie die Nacht hindurch, und ich muß immer wieder aufstehen, um sie durch Einspritzungen unter die Haut zu beruhigen. Ich denke an einige schlimme Nächte zurück, die mich auf längere Zeit hinaus ermüdeten.

Während der trockenen Jahreszeit ist eine Lösung der Frage möglich. Ich lasse die Geisteskranken mit ihrer Begleitung auf einer etwa sechshundert Meter entfernten Sandbank kampieren.

Das Los dieser Armen ist hier schrecklich. Die Eingeborenen wissen sich ihrer nicht zu erwehren. Ein Einsperren gibt es nicht, da sie aus einer Bambushütte allzeit ausbrechen können. Darum werden sie mit Bastseilen gefesselt, was die Erregung nur noch steigert. Der Endausgang ist wohl immer der, daß man sich ihrer auf die eine oder die andere Weise entledigt.

Ein Missionar aus Samkita erzählte mir, daß er vor zwei Jahren eines Sonntags von seinem Hause aus in einem benachbarten Dorfe großes Geschrei gehört habe. Ein Eingeborener, dem er begegnete, sagte ihm, es geschehe nichts weiter, als daß einigen Kindern die Sandflöhe aus den Füßen herausgebohrt würden; er möge nur wieder ruhig nach Hause zurückkehren. Er tat es, erfuhr aber am anderen Tage, daß man einen Geisteskranken an Händen und Füßen gefesselt ins Wasser geworfen habe.

Meine erste Begegnung mit einem schwarzen Geisteskranken geschah nachts. Man hatte mich gerufen und zu einem Palmbaum geführt, an den eine ältere Frau gefesselt war. Vor ihr um ein Feuer herum saß die ganze Familie. Dahinter stand die dunkle Wand des Urwalds. Es war eine wundervolle afrikanische Nacht. Flimmernder Sternenhimmel beleuchtete die Szene. Ich befahl, die Bande zu lösen, was die Umstehenden nur ängstlich und zögernd taten. Kaum war die Frau frei, so sprang sie auf mich los, um meine Laterne zu ergreifen und fortzuwerfen. Die Eingeborenen flohen unter Geschrei nach allen Seiten und wagten auch nicht näherzutreten, als die Frau, von mir an der Hand gehalten, sich auf mein Zureden ruhig zu Boden ließ, den Arm zu einer Einspritzung von Morphium und Skopolamin bot und mir nachher in eine Hütte folgte, wo sie nach einiger Zeit ruhig einschlief.

Es handelte sich um einen Fall periodisch wiederkehrender manischer Erregung. Nach vierzehn Tagen war sie für diesmal geheilt. Daraufhin verbreitete sich das Gerücht, der Doktor sei ein großer Zauberer und könne alle Geisteskranken heilen.

Leider mußte ich kurz darauf erfahren, daß es hier manische Erregungen gibt, bei denen unsere Mittel fast nichts ausrichten. Auch hier wurde der Kranke, ein älterer Mann, gefesselt gebracht. Die Bande hatten ihm tief ins Fleisch geschnitten; Hände und Füße waren mit Blut und Geschwüren bedeckt. Ich war erstaunt, mit den stärksten Dosen Morphium, Skopolamin, Chloralhydrat und Bromkalium so wenig zu erreichen. Schon am zweiten Tage sagte mir Joseph: „Doktor, glaub' mir, der ist verrückt, weil er vergiftet worden ist. Mit dem ist nichts zu machen. Er wird immer schwächer und wilder werden und zuletzt sterben." Er behielt recht. Nach vierzehn Tagen war der Mann tot. Von einem Pater der katholischen Mission erfuhr ich, daß er seinerzeit Frauen geraubt habe und deshalb mit Gift verfolgt worden sei.

Einen ähnlichen Fall konnte ich von seinem Beginn an verfolgen. An einem Sonntagabend brachte ein Boot eine Frau, die sich in Krämpfen wand. Zunächst glaubte ich, es liege einfach Hysterie vor. Schon am anderen Tage aber trat manische Erregung zu den Krämpfen hinzu. In der Nacht fing die Frau an zu toben und zu schreien. Auch hier richteten die Beruhigungsmittel fast nichts aus; die Kräfte schwanden rasch. Unter den Eingeborenen wird Vergiftung angenommen. Ob dies zutrifft, vermag ich nicht zu entscheiden.

Daß hier viel mit Giften gearbeitet wird, muß nach allem, was ich höre, wohl richtig sein. Weiter südlich ist das noch viel mehr der Fall. Die zwischen dem Ogowe und dem Kongo wohnenden Stämme sind dafür berüchtigt. Freilich werden auch viele plötzliche und unerklärliche Todesfälle von den Eingeborenen zu Unrecht als Vergiftungen angesehen.

Jedenfalls muß es hier Pflanzensäfte geben, die eine eigentümlich erregende Wirkung besitzen. Von glaubwürdiger Seite wurde mir versichert, daß Eingeborene nach Genuß gewisser Blätter und Wurzeln einen ganzen Tag lang angestrengt zu rudern vermöchten, ohne Hunger, Durst und Ermüdung zu spüren, und dabei eine sich immer steigernde Lustigkeit und Ausgelassenheit zeigten.

Ich hoffe, mit der Zeit etwas Näheres über diese Medikamente zu erfahren, obwohl es nicht sehr leicht ist, da alles Geheimnis ist. Wer in den Verdacht kommt, etwas, und dies gar noch einem Weißen, verraten zu haben, darf mit Sicherheit erwarten, daß er dem Gift nicht entgeht.

Daß die Fetischmänner sich des Giftes bedienen, um ihre Autorität aufrechtzuerhalten, erfuhr ich auf eine eigentümliche Weise durch Joseph. Gegen Mitte der trockenen Jahreszeit zog sein Dorf zum Fischen auf eine drei Stunden stromabwärts von hier gelegene Sandbank. Diese Fischtage sind etwa mit den alttestamentlichen Erntefesten, an denen das Volk sich „vor Gott erfreute", zu vergleichen. Alt und jung lebt zwei Wochen lang unter Zelten von Baumzweigen auf der Sandbank und ißt frische Fische zu jeder Tageszeit, gesotten, gebacken und geschmort. Was übrigbleibt, wird gedörrt und geräuchert. Wenn es gut geht, bringt ein Dorf bis zu zehntausend Fische nach Hause. Da Josephs Augen, wenn von Fischen geredet wird, vor Wonne aus ihren Höhlen treten, wollte ich ihm erlauben, für den ersten Nachmittag mit seinem Dorfe hinunterzufahren, und stellte ihm auch einen Bottich zur Verfügung, in dem er dem Doktor etliche Fischlein mitbringen könnte. Er zeigte aber wenig Enthusiasmus. Nach einigen Fragen brachte ich die Gründe heraus. Am ersten Tage wird nicht gefischt, sondern der Platz wird geweiht. Die „Alten" gießen Schnaps ins Wasser und werfen Tabakblätter hinein, um die bösen Geister gut zu stimmen, damit sie die Fische ins Netz gehen lassen und niemandem Schaden zufügen. Als man diese Zeremonien vor einigen Jahren unterließ, verwickelte sich eine alte Frau in ein Netz und ertrank. „Aber die meisten von euch sind doch Christen", bemerkte ich, „ihr glaubt nicht an diese Dinge." „Gewiß", erwiderte er, „aber wer dagegen reden würde oder auch nur ein Lächeln hätte, während den Geistern Tabak und Schnaps gespendet wird, dem würde früher oder später das Gift sicher sein. Die Fetischmänner verzeihen nicht. Sie leben unter uns, ohne daß man sie kennt." Also blieb er am ersten Tage zu Haus. Dafür erlaubte ich ihm, an einem anderen Tage hinunterzufahren.

Zu der Angst vor dem Gift kommt also noch die vor der übernatürlichen bösen Macht, die ein Mensch gegen einen anderen ausüben kann. Die Eingeborenen glauben, daß es Mittel gibt, in den Besitz von Zauberkräften zu gelangen. Wer den richtigen Fetisch hat, vermag alles. Er hat Glück auf der Jagd, er wird reich und er kann dem, dem er schaden will, Unglück, Krankheit und Tod bringen.

Der Europäer wird nie begreifen können, wie grausig das Leben der armen Menschen ist, die ihre Tage in Furcht vor Fetischen, die gegen sie benutzt werden können, hinbringen. Nur wer dieses Elend aus der Nähe angesehen hat, wird verstehen, daß es Menschenpflicht ist, den primitiven Völkern eine neue Weltanschauung zu bringen, um sie von dem quälenden Wahne zu befreien. In dieser Hinsicht würden auch die größten Skeptiker, einmal an Ort und Stelle, Freunde der Mission werden.

Was ist Fetischismus? Der Fetischismus ist aus dem Angstgefühle des primitiven Menschen geboren. Dieser will einen

Zauber besitzen, der ihn gegen den bösen Geist der Natur, die bösen Geister der Gestorbenen und die böse Macht der Menschen beschützt. Diese schützende Macht legt er bestimmten Gegenständen bei, die er mit sich führt. Eigentliche Anbetung erweist er dem Fetisch nicht, sondern sieht in ihm eher ein Stück Besitz, das ihm mit seinen übernatürlichen Kräften dienstbar sein muß.

Was gehört zu einem Fetisch? Als zauberkräftig gilt das Fremdartige. Ein Fetisch besteht aus einer Reihe von Gegenständen, die in einem Säckchen, in einem Büffelhorn oder in einer Büchse vereinigt sind. Die gewöhnlichen Bestandteile sind: Rote Vogelfedern, Päckchen mit roter Erde, Leopardenklauen und Leopardenzähne und ... Schellen aus Europa, Schellen alten Formats, die noch aus dem Tauschhandel des achtzehnten Jahrhunderts stammen. Der Missionsstation gegenüber hat ein Neger eine kleine Kakaopflanzung angelegt. Der Fetisch, der sie beschützen soll, hängt in einer verkorkten Flasche an einem Baume. Wertvolle Fetische werden heutzutage in Blechbüchsen eingeschlossen, damit ihnen die Termiten, vor denen keine Holzbüchse dauernden Schutz gewährt, nicht gefährlich werden können.

Es gibt große und kleine Fetische. Zu einem großen gehört in der Regel ein Stück aus einer menschlichen Hirnschale. Der Mensch muß aber eigens zum Zwecke der Gewinnung eines Fetischs getötet worden sein.

Diesen Sommer wurde zwei Stunden unterhalb unserer Station ein älterer Mann im Boote erschlagen. Der Täter wurde entdeckt. Es gilt als ausgemacht, daß er den Mord beging, um sich einen Fetisch zu bereiten, kraft dessen er Leute, die ihm Waren und Geld schuldig waren, zur Erfüllung ihrer Verpflichtungen zu zwingen hoffte!

Ich selber besitze einen Fetisch. Die Hauptstücke desselben sind zwei länglich-ovale, in rotem Farbstoff getränkte Ausschnitte aus einem menschlichen Schädel, wie mir scheint, den Scheitelbeinen entnommen. Der Besitzer war mit seiner Frau seit Monaten krank. Sie litten an quälender Schlaflosigkeit. Im

Traume hörte der Mann mehrmals eine Stimme, die ihm offenbarte, sie könnten beide erst genesen, wenn er seinen von den Vätern ererbten Fetisch dem Missionar Haug in N'Gômô brächte und dessen Anordnung befolgte. Schließlich tat er, wie ihm befohlen war. Herr Haug wies ihn an mich und schenkte mir den Fetisch. Mann und Frau blieben mehrere Wochen bei mir in Behandlung und wurden bedeutend gebessert entlassen.

Die Idee, daß menschlichen, zu diesem Zwecke gewonnenen Schädelknochen Zauberkraft innewohnt, muß uralt sein. Ich las dieser Tage in einer medizinischen Zeitschrift, daß die Trepanationen, die nach den Funden in Gräbern aus prähistorischen Zeiten öfters vorgenommen wurden, gar nichts mit Versuchen zur Heilung von Hirntumoren und dergleichen zu tun hatten, wie bisher angenommen wurde, sondern nur der Gewinnung von Fetischstücken dienten. Der Verfasser der Abhandlung ist wohl im Recht.

In den neun Monaten meiner Wirksamkeit habe ich an die zweitausend verschiedene Patienten zu sehen bekommen. Dabei konnte ich feststellen, daß die meisten europäischen Krankheiten hier vertreten sind. Aber Krebs und Blinddarmentzündung habe ich noch nicht gesehen. Sie sollen unter den Negern Äquatorialafrikas nicht anzutreffen sein.

Die Erkältungen spielen hier eine große Rolle. An den Sonntagen zu Beginn der trockenen Jahreszeit war in der Kirche zu Lambarene ein Geschneuze und Gehuste wie in Europa bei einem Silvestergottesdienst.

Sehr viele Kinder sterben an verschleppter Pleuritis.

In der trockenen Jahreszeit sind die Nächte etwas frischer als sonst. Da es den Negern an Decken fehlt, frieren sie in ihren Hütten, so daß sie nicht schlafen können. Dabei ist es nach europäischen Begriffen noch recht warm. Das Thermometer zeigt auch in den kalten Nächten immer achtzehn Grad Celsius. Aber die Feuchtigkeit der Luft läßt die Menschen, die durch das reichliche Schwitzen untertags empfindlich geworden sind, frösteln und frieren. Auch die Weißen leiden fortgesetzt unter Erkältung und Schnupfen.

In einem Lehrbuch über Tropenmedizin fand ich den paradoxen Satz: „Unter der heißen Sonne muß man sich am allermeisten vor Erkältungen hüten." Er enthält viel Wahrheit.

Besonders verderblich wird den Eingeborenen das Kampieren auf den Sandbänken bei den sommerlichen Fischzügen. Die meisten alten Leute sterben an Pneumonien, die sie sich an diesen Freudentagen geholt haben.

Rheumatismus ist hier allgemeiner verbreitet als in Europa. Auch Gicht treffe ich ziemlich viel an. Und dabei führen die Eingeborenen wirklich kein schlemmerhaftes Dasein. Von einem Übermaß von Fleischnahrung kann bei ihnen keine Rede sein, da sie mit Ausnahme der Fischtage im Sommer fast nur von Bananen und Maniokwurzeln leben.

Daß ich in diesem Lande chronische Nikotinvergiftung zu behandeln haben würde, hätte ich nicht geglaubt. Zuerst wußte ich gar nicht, was ich von schweren Verstopfungen, die mit nervösen Störungen einhergingen und durch alle Abführmittel nur verschlimmert wurden, zu halten hätte. Bei einem schwer leidenden schwarzen Regierungsbeamten wurde mir durch genaues Beobachten und Erfragen klar, daß Tabakmißbrauch vorliegen müsse. Er genas rasch. Der Fall machte viel von sich reden, da der Patient seit Jahren leidend und fast arbeitsunfähig war. Nun fragte ich bei allen schweren Konstipationen alsbald: „Wieviel Pfeifen rauchst du im Tag?" und erkannte in wenigen Wochen, was Nikotin hier anrichtet.

Der Tabak kommt hier in Blättern an und vertritt gewissermaßen das Kleingeld. Für ein etwa fünf Pfennige wertes Blatt kauft man z. B. zwei Ananas. Alle kleineren Dienste werden mit Tabakblättern belohnt. Es handelt sich um ein Kraut, das furchtbar gemein und furchtbar stark ist. Sieben Blätter Tabak sind zu einem „Kopf Tabak" zusammengeschlungen, der etwa einen halben Franken gilt. In dieser Form kommt der Tabak in großen Kisten aus Amerika nach Äquatorialafrika. Geht man auf Reisen, so nimmt man, um unterwegs Lebensmittel für die

Ruderer einzuhandeln, nicht Geld mit, sondern eine Kiste mit Tabakblättern. Und damit die Neger diese wertvolle Kiste unterwegs nicht ausrauben, setzt man sich bei der Bootsfahrt darauf. Dieser „Tauschhandeltabak" ist viel stärker als der von den Weißen gerauchte.

Die meisten Nikotinvergiftungen finde ich bei den Weibern. Joseph erklärt mir, daß die Eingeborenen viel an Schlaflosigkeit leiden und dann die ganze Nacht hindurch rauchen, um sich zu betäuben. Bei den Bootsfahrten geht die Pfeife von Mund zu Mund. Wer gut fahren will, verspricht seiner Mannschaft zwei Blätter Tabak pro Kopf und ist sicher, dafür eine oder zwei Stunden früher anzukommen.

Auch die Zähne machen den Eingeborenen viel zu schaffen. Sehr viele meiner Patienten leiden an mit Eiterungen einhergehenden Lockerungen des Zahnfleisches, die von reichlichem Zahnstein herrühren. Mit der Zeit lockern sich dann alle Zähne und fallen aus. Merkwürdigerweise heilen diese Fälle hier viel besser als in Europa, wo oft die kompliziertesten Verfahren nicht zum Ziele führen. Mit regelmäßigen Bepinselungen mit einer alkoholischen Lösung von Thymol habe ich gute Erfolge. Nur darf der Patient von dieser Flüssigkeit nichts verschlucken, da sie bekanntlich sehr giftig ist.

Unglaublich erscheint es den Eingeborenen, daß ich Zähne zu ziehen vermag, die noch nicht locker sind. Noch haben nicht alle Vertrauen zu der blinkenden Zange. Ein von Zahnweh gepeinigter Häuptling wollte sich der Prozedur nicht unterziehen, ohne vorher nach Hause zu fahren und seine Weiber zu fragen. Der Familienrat muß zu einem verneinenden Beschluß gekommen sein, denn er erschien nicht wieder.

Andere hingegen verlangen von mir, daß ich ihnen alle Zähne ausziehe und frische aus Europa kommen lasse. Einige ältere Leute bekamen nämlich durch Vermittlung der Missionare Gebisse „von Weißen gemacht" und bilden nun einen Gegenstand des Neides für die andern.

Unterleibstumore bei Frauen sind hier sehr häufig. Hysterie habe ich schon in mehreren Fällen beobachtet.

Meine Hoffnung, vor Fertigstellung der Medizinbaracke keine größere Operation unternehmen zu müssen, ging nicht in Erfüllung. Am fünfzehnten August mußte ich eine abends zuvor eingelieferte inkarzerierte Hernie operieren. Der Mann, er heißt Ainda, flehte mich darum an, da er, wie alle Eingeborenen, die Gefahren eines solchen Zustandes zur Genüge kannte. Tatsächlich war keine Zeit zu verlieren. In aller Eile wurden die Instrumente aus den verschiedenen Kisten zusammengesucht. Herr Christol stellte mir den Schlafraum seiner Boys als Operationssaal zur Verfügung. Meine Frau übernahm die Narkose; ein Missionar fungierte als Assistent. Es ging alles über Erwarten gut. Mich aber hatte die Zuversicht, mit der der Neger sich auf den Operationstisch legte, ganz erschüttert.

Ein aus dem Innern kommender Militärarzt, der auf Urlaub nach Europa geht, beneidet mich darum, daß ich bei meiner ersten Bruchoperation so gut assistiert war. Er machte die seine, während ein Sträfling auf gut Glück Chloroform gab und ein anderer die Instrumente reichte. Bei jeder Bewegung klirrten die Ketten an den Füßen seiner Assistenten. Sein Heilgehilfe war unwohl geworden, und es war gerade niemand anders zur Stelle. Die Asepsis war natürlich keine vollkommene, aber der Patient genas.

Kaum hatte ich heute nachmittag, den zehnten Januar, die vorhergehenden Zeilen geschrieben, als ich an den Landungsplatz eilen mußte. Frau Missionar Faure aus N'Gômô kam mit schwerer Malaria im Motorboot an. Eben hatte ich ihr die erste intramuskuläre Chinin-Einspritzung gemacht, als ein Kanoe einen jungen Mann brachte, dem ein Nilpferd im See Sonange den rechten Oberschenkel gebrochen und in schrecklicher Weise zerfleischt hatte. Auch sonst ist der Ärmste übel zugerichtet.

Sie fuhren zu zweit vom Fischen nach Hause. In der Nähe des Landungsplatzes ihres Dorfes tauchte unverhofft ein Nilpferd auf und warf das Boot in die Höhe. Während der andere Mann entkam, wurde dieser von dem wütenden Tier eine halbe Stunde lang im Wasser verfolgt, konnte zuletzt aber, trotz des gebrochenen Oberschenkels, das Land erreichen. Ich fürchtete eine schwere Wundinfektion. Für die zwölfstündige Bootsfahrt hatte man ihm das zerfleischte Bein in schmutzige Tücher eingewickelt.

Ich selbst habe ein Renkontre mit Nilpferden gehabt, das zum Glück gut ablief.

Im Herbst wurde ich gegen Abend zu einem Pflanzer gerufen. Um zu ihm zu kommen, mußten wir einen engen, etwa fünfzig Meter langen Kanal mit reißender Strömung passieren. Am Ausgange sahen wir zwei Nilpferde in der Ferne. Für die Rückfahrt – es war unterdessen Nacht geworden – rieten mir die Herren der Faktorei, einen Umweg von zwei Stunden zu machen, um die Nilpferde und den engen Kanal zu vermeiden. Aber die Ruderer waren so müde, daß ich ihnen die große Anstrengung nicht zumuten wollte. Kaum waren wir am Eingang des Kanals, als zwei Nilpferde dreißig Meter vor uns auftauchten. Ihr Gebrüll klang, wie wenn Kinder in eine Gießkanne trompeten, nur etwas stärker. Die Ruderer drängten sich an das Ufer, wo die Strömung am wenigsten stark war; die Nilpferde begleiteten uns, am anderen Ufer entlang schwimmend. Wir kamen nur zentimeterweise vorwärts. Es war wunderbar schön und aufregend. In der Mitte der Strömung ragten einige festgefahrene Palmstämme aus dem Wasser empor, die sich wie Schilfhalme hin und her bewegten. Am Ufer stand der Urwald wie eine schwarze Mauer. Über dem Ganzen zauberhafter Mondenschein. Die Ruderer keuchten und feuerten sich durch leise Zurufe an; die Nilpferde hoben die unförmigen Köpfe aus dem Wasser und äugten zornig zu uns herüber.

Nach einer Viertelstunde waren wir aus dem Kanal heraus und fuhren den kleinen Flußarm hinunter. Die Nilpferde sandten uns ein Abschiedsgebrüll nach. Ich aber gelobte mir, es künftighin auf einen Umweg von zwei Stunden nicht mehr ankommen zu lassen, um den interessanten Tieren aus dem Wege zu gehen. Aber die Erinnerung an die unheimlich schönen Augenblicke möchte ich nicht missen.

Am ersten November wurde ich gegen Abend wieder nach N'Gômô geholt. Frau Missionar Faure hatte aus Zerstreutheit einige Meter ohne Kopfbedeckung im Freien zurückgelegt und lag mit schwerem Fieber und anderen bedrohlichen Erscheinungen danieder.

Der Warner auf dem Schiff hatte recht, als er sagte, daß die Sonne der große Feind sei. Ein Weißer auf einer Faktorei ruhte nach Tisch und wurde auf einige Augenblicke durch ein kaum talergroßes Loch im Dache von der Sonne beschienen; die Folge war ein schweres Fieber mit Delirium.

Ein anderer verlor beim Umschlagen des Bootes den Tropenhelm; kaum saß er rittlings auf dem mit dem Boden nach oben dahintreibenden Fahrzeug, so zog er auch schon, die Gefahr ahnend, Rock und Hemd aus, um den Kopf zu bedecken. Aber schon war es zu spät; er trug einen schweren Sonnenstich davon.

Der Führer eines kleinen Kauffahrteidampfers hatte eine Reparatur am Kiel eines an Land gezogenen Schiffes auszuführen. Dabei beugte er den Kopf zu weit vor, so daß ihm die Sonne unter den Tropenhelm in den Nacken schien. Auch er war auf den Tod krank.

Der Führer des kleinen Dampfers, der selber einen Sonnenstich durchgemacht hatte, war so freundlich gewesen, der Station N'Gômô anzubieten, mich abzuholen. Meine Frau fuhr mit, um die Pflege zu übernehmen.

Dem Rate eines erfahrenen Kolonialarztes gehorchend, behandelte ich den Sonnenstich zugleich als Malaria und spritzte tüchtig Chininlösung in den Muskel ein. Es ist erwiesen, daß die Bestrahlung besonders den mit Malaria infizierten Menschen gefährlich wird; manche Ärzte behaupten sogar, daß die Hälfte der Symptome auf Rechnung des durch den Sonnenstich ausgelösten Malaria-Anfalles zu setzen sei.

Ferner handelt es sich in solchen Fällen darum, dem Patienten, der nichts zu sich nehmen kann oder alles bricht, Flüssigkeit zuzuführen, um der drohenden Gefahr einer das Leben gefährdenden Schädigung der Nieren vorzubeugen. Dies geschieht am besten dadurch, daß man ihm einen halben Liter destillierten und sterilisierten Wassers, in welchem viereinhalb Gramm reinsten Kochsalzes gelöst sind, mit einer Hohlnadel unter die Haut oder in eine Armvene einfließen läßt.

Bei der Heimkehr von N'Gômô wurden wir mit der Nachricht überrascht, daß die Wellblechbaracke des Spitals fertig sei. Vierzehn Tage später war auch die Inneneinrichtung in der Hauptsache vollendet. Joseph und ich zogen aus dem Hühnerstall aus und richteten uns unten ein, wobei uns meine Frau tüchtig half.

Den beiden Handwerkermissionaren, Herrn Kast und Herrn Ottmann, schulde ich für diesen Bau großen Dank. Herr Kast ist Schweizer, Herr Ottmann Argentinier. Sehr wertvoll war es, daß wir alle Einzelheiten miteinander besprechen konnten und daß die beiden Herren auf meine durch die Medizin diktierten Erwägungen eingingen. So ist die Baracke bei aller Einfachheit und Kleinheit außerordentlich zweckmäßig geraten. Jede Ecke ist ausgenützt.

Sie hat zwei Zimmer von je vier Meter auf vier Meter; das vordere dient als Konsultationsraum, das hintere als Operationssaal. Dazu kommen zwei unter dem weit vorspringenden Dach liegende, kleine Nebenräume. Der eine dient als Apotheke, der andere als Sterilisationsraum.

Die Fußböden sind aus Zement. Die Fenster sind sehr groß und gehen bis unter das Dach. Damit ist gegeben, daß die heiße Luft sich nicht unter dem Dach sammelt, sondern entweichen kann. Jedermann ist erstaunt, wie kühl es bei mir ist, obwohl Wellblechbaracken in den Tropen als unerträglich heiß verschrien sind.

Fenster aus Glas gibt es nicht, sondern nur feine Drahtgitter gegen Moskitos. Holzläden sind notwendig, der Gewitter wegen.

An den Wänden ziehen sich breite Schäfte entlang. Manche davon sind aus edelstem Holz. Wir hatten keine gewöhnlichen Bretter mehr; neue sägen zu lassen, wäre viel teurer gekommen, als die besten vorhandenen Sorten zu benutzen, und hätte uns um Wochen in der Arbeit zurückgebracht.

Unter dem Dach sind weiße Tücher prall als Decke gespannt; sie schützen vor den Moskitos, die sonst von oben her durch die Ritzen eindringen würden.

Im Laufe des Dezembers wurden die Wartehalle und eine Baracke zum Beherbergen der Kranken fertig. Beide Bauten sind als große Negerhütten aus unbehauenem Holz und Raphiablättern aufgeführt. Einen Teil der Bauarbeiten habe ich, von Missionar Christol beraten, selber geleitet. Der Schlafraum der Kranken mißt dreizehn auf sechs Meter. Eine große Hütte dient Joseph als Behausung.

Diese Gebäude liegen zu beiden Seiten eines etwa fünfundzwanzig Meter langen Weges, der von der Wellblechbaracke zu einer Bucht am Strome führt, in der die Kanoes der Kranken anlegen. Diese Bucht ist von einem herrlichen Mangobaume überschattet.

Als das Dach des Schlafraumes fertiggestellt war, zeichnete ich mit einem spitzen Stecken sechzehn große Rechtecke auf den Lehmboden. Jedes bedeutete ein Bett. Dazwischen waren Gänge vorgesehen.

Nun wurden die Kranken und ihre Angehörigen, die bisher, so gut es ging, unter einem Bootschuppen gehaust hatten, herbeigerufen. Je ein Kranker wurde in ein Rechteck gesetzt und erhielt so ein Bett zugesprochen. Die Angehörigen bekamen Beile, um die Bettstellen zu bauen. Ein Bastseil an einem Pflock zeigte die Höhe an, die diese haben sollten.

Eine Viertelstunde später fuhren Kanoes stromauf und stromab, um das Holz zu holen.

Am Abend waren die Betten fertig. Sie bestehen aus vier, in Gabeln auslaufenden, starken Pfählen, auf denen Längs- und Querhölzer mit Lianen zusammengebunden liegen. Getrocknetes Gras dient als Matratze.

Die Lager befinden sich über einen halben Meter hoch über der Erde, damit darunter Kisten, Kochgeschirre und Bananen aufgestapelt werden können. Ihre Breite erlaubt, daß zwei oder drei Personen nebeneinander liegen. Die Moskitonetze bringen die Patienten selber mit. Reichen die Betten nicht aus, so schlafen die Begleiter auf dem Boden.

Eine Trennung nach Geschlechtern findet in der großen Schlafbaracke nicht statt. Die Eingeborenen kampieren, wie sie es gewohnt sind. Ich kümmere mich nur darum, daß nicht Gesunde sich ein Bett anmaßen und Kranke auf dem Boden schlafen müssen.

Nun habe ich noch mehrere große Hütten zum Beherbergen der Eingeborenen zu bauen, da die eine Schlafbaracke nicht reicht. Ich muß auch Räume haben, in denen ich ansteckende Kranke, besonders die Dysenteriekranken, isolieren kann. An Arbeit neben der Medizin fehlt es also nicht.

Die Schlafkranken kann ich, weil sie die Missionsstation gefährden, nicht dauernd im Spital behalten. Ich werde später auf dem anderen Ufer des Flusses an einsamer Stelle eine Hütte für sie erbauen.

Die Medizinbaracke erlaubt der Frau Doktor endlich, ihre volle Tätigkeit zu entfalten. Im Hühnerstall hatten kaum Joseph und ich nebeneinander Platz.

Sie teilt sich mit mir in die Aufgabe, Joseph anzulernen, wie er die Instrumente reinigen und Operationen vorbereiten soll. Daneben hat sie die Wäsche unter sich. Viel Mühe macht ihr, daß die beschmutzten und infizierten Binden rechtzeitig gereinigt und genügend ausgekocht werden. Sie erscheint Punkt zehn Uhr morgens, bleibt bis zwölf und hält auf Ordnung.

Um zu ermessen, was es bedeutet, daß meine Frau sich neben dem Haushalt den größten Teil des Morgens der Medizin widmet, wozu noch so und so viel Nachmittage für die Operationen kommen, bei denen sie die Narkose übernimmt, muß man wissen, wie kompliziert der einfachste afrikanische Haushalt ist. Diese Kompliziertheit hat zwei Gründe: die strenge Trennung zwischen den Funktionen der eingeborenen Diener und ihre Unzuverlässigkeit. Wir müssen, wie üblich, drei Angestellte halten: Boy, Koch und Wäscher. Die Arbeit des Wäschers dem Boy oder Koch zuzuteilen, wie es manchmal in kleinen Haushalten möglich ist, verbietet bei uns die zahlreiche, zu der des Hauses hinzukommende Wäsche des Spitals. Von dieser abgesehen, könnte ein einigermaßen tüchtiges europäisches Dienstmädchen die Arbeit gut allein bewältigen. Der Koch arbeitet nur, was zur Küchenhantierung gehört, der Wäscher tut nichts als waschen und bügeln, der Boy besorgt nur die Zimmer und die Hühner. Wer mit seiner Sache fertig ist, „ruht".

Die Arbeit, die nicht einer genau umgrenzten Profession angehört, muß man selber tun. Weibliche Dienstboten sind in diesem Lande nicht zu haben. Frau Missionar Christol hat für ihr anderthalb Jahre altes Mädchen einen vierzehnjährigen Negerjungen, M'buru mit Namen, als Kindsmagd. Alle Angestellten, auch die besten, sind so unzuverlässig, daß sie auch nicht der geringsten Versuchung ausgesetzt werden dürfen. Dies will heißen, daß sie niemals allein im Hause sein sollen. Solange sie darin arbeiten, muß meine Frau dabei sein. Ferner muß alles, was ihre Unehrlichkeit reizen könnte, immer abgeschlossen sein. Morgens bekommt der Koch ausgeteilt, was er gerade zur Bereitung unseres Essens braucht: so und so viel Reis, so und so viel Fett, so und so viel Kartoffeln. In der Küche hat er nur einen kleinen Vorrat von Salz, Mehl und Gewürzen. Vergißt er etwas, so muß meine Frau nachher vom Spital wieder den Berg hinauf zur Wohnung steigen und es ihm herausgeben.

Daß man sie nicht allein in einem Zimmer läßt, alles vor ihnen abschließt und ihnen keine Vorräte anvertraut, fassen die schwarzen Bedienten nicht als Beleidigung auf. Sie selber halten einen an, diese Vorsichtsmaßregeln genau zu beobachten, damit sie für einen etwaigen Diebstahl nicht verantwortlich gemacht werden können. Joseph verlangt, daß ich die Apo-

theke abschließe, wenn ich auch nur für zwei Minuten aus der
Wellblechbaracke der Kranken gehe und ihn im Behandlungs-
zimmer, von dem man in die Apotheke gelangt, allein lasse.
Setzt sich der Europäer über die Vorsichtsmaßregeln hinaus,
so stehlen seine Schwarzen mit gutem Gewissen. Was nicht
abgeschlossen ist, „fährt herum", um mit Joseph zu reden.
Einem so „unordentlichen" Menschen darf man alles nehmen.
Dabei nimmt der Neger nicht nur, was für ihn Wert hat, sondern auch, was ihn gerade reizt. Herrn Missionar Rambaud
von Samkita wurden einige Bände aus einem wertvollen Sam-
melwerk gestohlen. Auf meinem Bücherschaft verschwanden der
Klavierauszug der Meistersinger von Wagner und das Exem-
plar der Matthäuspassion von Bach, in das ich die von mir
sorgfältig ausgearbeitete Orgelbegleitung eingetragen hatte!
Dieses Gefühl, niemals gegen den stupidesten Diebstahl gesichert zu sein, bringt einen manchmal zur Verzweiflung. Und
immer alles abgeschlossen halten zu müssen und ein wandern-
der Schlüsselbund zu sein, macht das Leben furchtbar be-
schwerlich.

Wenn es nach den Schwarzen ginge, müßten wir jetzt jeden
Tag operieren. Die Leute mit Hernien streiten sich darum, wer
sich zuerst dem Messer ausliefern darf. Aber wir bringen es
vorläufig auf nicht mehr als zwei oder drei Operationen in der
Woche. Meine Frau vermöchte sonst die Vorbereitungen und
das darauffolgende Reinigen und Aufräumen der Instrumente
nicht zu bewältigen. Auch ich wäre der Arbeit nicht gewachsen. Oft muß ich nachmittags operieren, nachdem ich morgens
bis gegen oder nach ein Uhr Verbände gemacht und Konsul-
tationen gehalten. Und in diesem Lande darf man sich nicht so
viel zumuten wie unter einer anderen Sonne.

Daß Joseph sich dazu herbeiläßt, die blutigen Tupfer nach
einer Operation zusammenzulesen und die blutigen Instrumente zu waschen, ist ein Zeichen von höchster Aufgeklärt-
heit. Ein gewöhnlicher Neger rührt nichts an, was mit Blut

oder Eiter besudelt ist, weil er dadurch im religiösen Sinne unrein wird.

In manchen Gegenden Äquatorialafrikas lassen sich die Neger nur schwer oder gar nicht dazu bewegen, sich operieren zu lassen. Wie es kommt, daß sie sich am Ogowe geradezu dazu drängen, weiß ich nicht. Es hängt wohl damit zusammen, daß vor einigen Jahren ein Militärarzt namens Jorryguibert, der sich einige Zeit beim Bezirkshauptmann in Lambarene aufhielt, eine Reihe von gelungenen Operationen machte. Ich ernte, was er gesät hat.

Letzthin bekam ich eine Rarität zu operieren, um die mich mancher berühmte Chirurg beneiden könnte. Es handelte sich um eine inkarzerierte, hinten unter den Rippen heraustretende Hernie, eine sogenannte Lumbalhernie. Der Fall wies alle nur denkbaren Komplikationen auf. Als der Abend hereinbrach, war ich noch nicht fertig. Für die letzten Nähte mußte Joseph mit der Lampe leuchten. Der Kranke genaß.

Großes Aufsehen erregte die Operation eines Knaben, dem seit anderthalb Jahren ein handlanges eiterndes Knochenstück aus dem Unterschenkel hervorragte. Das jauchige Sekret stank so abscheulich, daß niemand es in seiner Nähe aushalten konnte. Der Knabe selbst war zum Skelett abgemagert. Nun ist er rund und gesund und wagt bereits wieder die ersten Schritte.

Bisher verliefen alle Operationen glücklich. Dies steigert das Zutrauen der Eingeborenen in einer für mich erschreckenden Weise.

Am meisten imponiert ihnen die Narkose. Sie unterhalten sich viel darüber. Die Mädchen der Schule stehen mit einer europäischen Sonntagsschule in Korrespondenz. In einem dieser Briefe ist zu lesen: „Seit der Doktor hier ist, erleben wir merkwürdige Sachen. Zuerst tötet er die Kranken, dann heilt er sie; nachher weckt er sie wieder auf."

Eine Narkose ist für die Eingeborenen eben ein Totsein. Will mir einer mitteilen, daß er einen Schlaganfall erlitten hat, so sagt er: „Ich war tot".

Es gibt Operierte, die ihre Dankbarkeit in Taten bezeugen. Der Mann, der am fünfzehnten August von einer inkarzerierten Hernie befreit wurde, brachte in seiner Verwandtschaft zwanzig Franken zusammen, „um dem Doktor den teuren Faden, mit dem er den Bauch zunäht, zu bezahlen". Der Onkel des Knaben mit dem Fußleiden, ein Schreiner von Beruf, arbeitete vierzehn Tage für mich, um mir Schränke aus alten Kisten zu zimmern.

Ein schwarzer Händler bot mir seine Arbeiter an, damit das Dach meines Wohnhauses noch rechtzeitig vor dem Regen umgedeckt werden könnte.

Ein anderer besuchte mich, um mir zu danken, daß ich für die Eingeborenen gekommen sei. Beim Abschied schenkte er mir zwanzig Franken für die Medizinkasse.

Ein anderer Patient schenkte meiner Frau eine Nilpferdpeitsche. Was ist eine Nilpferdpeitsche? Ist ein Nilpferd erlegt worden, so wird die ein bis zwei Zentimeter dicke Haut in Streifen von vier Zentimeter Breite und anderthalb Meter Länge geschnitten. Dann werden die einzelnen Streifen so auf ein Brett gespannt, daß sie zugleich in Spirale gewunden sind. Sind sie getrocknet, so ist das gefürchtete, anderthalb Meter lange, elastische und scharfkantige Marterinstrument fertig.

In diesen Wochen bin ich mit dem Einräumen der im Oktober und November angekommenen Medikamente beschäftigt. Die Reserven werden in der kleinen Wellblechbaracke auf dem Berg untergebracht, die mir, seit der Abreise von Herrn Missionar Ellenberger, zur Verfügung steht. Der Onkel des operierten Knaben hat sie mit den erforderlichen Schränken und Schäften ausgestattet. Schön nehmen sich die aus Kisten zusammengenagelten, noch die Reisesignatur tragenden Bretter allerdings nicht aus. Aber ich kann alles unterbringen. Das ist die Hauptsache. In Afrika wird man anspruchslos.

Als ich mir Sorge um die Kosten dieser bedeutenden Sendungen von Arzneien, Verbandgaze und Verbandwatte machte, kam mit der Dezemberpost Nachricht von neuen Gaben, worauf mir wieder etwas leichter ums Herz wurde. Wie können wir all den lieben Freunden und Bekannten genug danken? . . .

Bis ein Gegenstand in Lambarene ankommt, stellt er sich etwa auf das Dreifache seines Einkaufspreises in Europa. So summieren sich die Kosten der Verpackung, die eine sehr sorgfältige sein muß, die Bahnfahrt, die Verladespesen, die Seefracht, der Kolonialzoll, die Flußfracht und die großen Verluste, die durch Hitze, Wasser im Frachtraum oder rohe Behandlung der Kisten beim Ein- und Ausladen entstehen.

Unsere Gesundheit ist fortgesetzt gut. Von Fieber keine Spur; aber einige Tage Ruhe täten uns not.

Soeben im Momente, in dem ich abschließe, trifft ein alter Mann mit Lepra ein. Er ist mit seiner Frau von der Lagune Fernand Vaz, die südlich von Kap Lopez liegt und mit dem Ogowe durch einen kleinen Flußarm in Verbindung steht, herr gekommen. Die beiden armen Menschen sind über dreihundert Kilometer gegen den Strom gerudert und können sich vo Entkräftung kaum noch aufrechthalten.

V. JANUAR BIS JUNI 1914

Lambarene, Ende Juni 1914

Ende Januar und Anfang Februar war ich mit meiner Frau in Talagouga zur Pflege von Herrn Missionar Herrmann, der an allgemeiner Furunkulose mit starkem Fieber litt. Zugleich besorgte ich die Kranken der Umgegend.

Unter den Kranken befand sich ein Knäblein, das sich mit allen Zeichen des Entsetzens sträubte, ins Zimmer zu kommen

6. Joseph, der Heilgehilfe, vor dem Spital Geschwüre verbindend
Im Hintergrunde Lagerstätten der Kranken mit Moskitonetzen

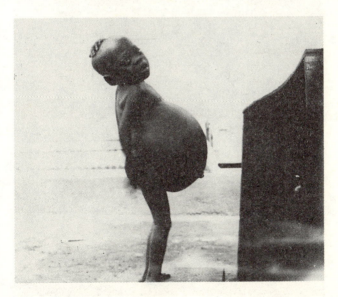

7. Malariakrankes Negerkind mit Bauchwassersucht
Der Leib ist durch das angesammelte Wasser unförmig aufgetrieben

8. Pahouin-Kinder im Hinterland von Massanga

und mit Gewalt hereingeschleppt werden mußte. Nachher stellte sich heraus, daß es gemeint hatte, der Doktor wollte es schlachten und essen.

Das arme Bübchen kannte die Menschenfresserei nicht aus Kinderstubengeschichten, sondern aus der furchtbaren Wirklichkeit, da sie bei den Pahouins bis auf den heutigen Tag nicht ganz ausgerottet ist. Über den Umfang, in dem sie noch geübt wird, lassen sich schwer Feststellungen machen, weil die Eingeborenen, aus Furcht vor den schweren Strafen, alle Fälle geheimhalten. Vor einiger Zeit ging ein Mann aus der Nähe von Lambarene in entlegene Dörfer, um säumige Schuldner zu mahnen. Er kam nicht wieder. Ebenso verschwand ein Arbeiter aus der Nähe von Samkita. Kenner des Landes behaupten, daß hier „verschollen" manchmal gleichbedeutend ist mit „aufgegessen". Auch das Halten von Sklaven von seiten der Eingeborenen ist trotz des Kampfes, den Regierung und Mission dagegen führen, noch nicht ganz außer Brauch gekommen. Aber es wird nicht als solches eingestanden. Manchmal bemerke ich unter den Begleitern eines Kranken Gestalten, die nicht die Züge hier ansässiger oder umwohnender Stämme tragen. Wenn ich dann frage, ob dies ein Sklave sei, wird mir mit einem eigentümlichen Lächeln versichert, es sei nur ein „Diener".

Das Los dieser uneingestandenen Sklaven ist kein hartes. Mißhandlungen haben sie kaum zu erdulden. Auch denken sie nicht daran, zu entfliehen und sich unter den Schutz der Regierung zu stellen. Wird eine Untersuchung veranstaltet, so leugnen sie gewöhnlich mit Hartnäckigkeit, Sklaven zu sein. Sehr oft werden sie nach einer Reihe von Jahren in die Stammesangehörigkeit aufgenommen und sind dadurch frei und haben wieder irgendwo Heimatrecht. Auf das letztere kommt es ihnen in erster Linie an.

Der Grund dafür, daß die Haussklaverei am untern Ogowe im geheimen immer noch besteht, ist in der Hungersnot im Innern zu suchen. Es ist das furchtbare Schicksal Äquatorialafrikas, von Hause aus keine Fruchtpflanzen und keine Fruchtbäume zu besitzen. Die Bananenstaude, der Maniok, der Yam, die Patate und die Ölpalme sind hier nicht heimisch, sondern von den Portugiesen aus den westindischen Inseln eingeführt. Sie waren die großen Wohltäter Äquatorialafrikas. In den Landstrichen, wo diese Nutzpflanzen noch nicht hingekommen sind, oder wo sie nicht gut geraten, herrscht ständig Hungersnot. Dann verkaufen die Eltern ihre Kinder den Fluß hinunter, damit diese wenigstens zu essen haben.

Im Oberlauf der N'Gounje, des Nebenflusses des Ogowe, muß ein solches Hungergebiet sein. Von dort stammen die meisten Haussklaven des Ogowe. Von dort habe ich auch Kranke, die zu den „Erdessern" gehören, bekommen. Aus Hunger gewöhnen sich nämlich jene Eingeborenen daran, Erde zu essen, und behalten dann diese Gewohnheit bei, auch wenn sie genügend Nahrung haben.

Daß die Ölpalme am Ogowe importiert ist, kann man noch heute beobachten. Um den Fluß und die Seen herum, wo ehemals Dörfer standen oder noch stehen, finden sich ganze Wälder von Ölpalmen. Ist man aber auf dem Landweg in den Urwald gegangen, in Gegenden, wo keine menschlichen Siedlungen waren, trifft man keine einzige an.

Auf der Heimfahrt von Talagouga weilten wir zwei Tage in Samkita bei dem elsässischen Missionar Morel und seiner Frau.

Samkita ist die Station der Leoparden. Einer dieser Räuber war im Herbst des Nachts in den Hühnerstall von Frau Morel eingebrochen. Auf das Geschrei des lieben Federviehs eilte ihr Mann, Leute zu Hilfe zu holen, während sie im Dunkel Wache stand. Sie meinten, ein Eingeborener sei eingebrochen, um sich einen Braten zu stehlen. Als Frau Morel auf dem Dache Lärm hörte, ging sie nahe an den Hühnerstall heran, um den Ausreißer womöglich zu erkennen. Er war aber schon mit einem mächtigen Satze in der Dunkelheit entkommen. Beim Öffnen der Türe lagen zweiundzwanzig Hühner mit aufgerissener Brust tot auf dem Boden. So mordet nur der Leopard. Er will zuerst Blut trinken. Die Opfer wurden weggeschafft. Eines, mit Strychnin gefüllt, ließ man vor der Türe liegen. Zwei

Stunden später kam der Leopard wieder und verschlang es. Während er sich in Krämpfen wand, wurde er von Herrn Morel erschossen.

Kurz vor unserer Ankunft war ein anderer Leopard bei Samkita erschienen und hatte etliche Ziegen zerrissen.

Bei Herrn Missionar Cadier aßen wir zum ersten Mal Affenfleisch. Herr Cadier ist ein großer Jäger. Mit mir sind die Schwarzen etwas unzufrieden, weil ich wenig Gebrauch von meinem Gewehr mache. Als wir auf einer Fahrt an einem Kaiman vorbeikamen, der auf einem aus dem Wasser hervorragenden Baumstumpf schlief, und ich ihn betrachtete, statt auf ihn zu schießen, war mein Maß voll. „Mit dir ist auch gar nichts los", ließen mir die Ruderer durch ihren Sprecher ererklären. „Wären wir mit Herrn Cadier, so hätte er uns schon längst ein oder zwei Affen und einige Vögel geschossen, daß wir Fleisch hätten. Du aber fährst gar am Kaiman vorüber und läßt dein Gewehr ruhig neben dir!"

Ich lasse den Vorwurf auf mir ruhen. Vögel, die über dem Wasser ihre Kreise ziehen, mag ich nicht schießen. Die Affen vollends sind vor meinem Gewehr sicher. Oft kann man drei oder vier nacheinander erlegen oder verwunden, ohne in ihren Besitz zu kommen. Sie bleiben im dichten Geäste des Baumes hängen oder fallen in Buschwerk, das in unbetretbarem Sumpf steht. Und findet man den Leichnam, so findet man oft zugleich ein armes kleines Äffchen, das sich mit Geschrei an die erkaltende Mutter klammert.

In der Hauptsache habe ich mein Gewehr nur, um Schlangen zu schießen, von denen es in Lambarene im Grase um mein Haus herum eine Unzahl gibt, und um die Raubvögel zu töten, die die Nester der Webervögel in den Palmen vor meinem Hause plündern.

Auf der Rückkehr von Samkita begegneten wir einer Herde von fünfzehn Nilpferden. Ein ganz junges erging sich auf der Sandbank, als die Herde sich schon ins Wasser gestürzt hatte, und wollte der Mutter, die es ängstlich zu sich rief, nicht gehorchen.

Joseph hatte seine Obliegenheiten gut erfüllt und sich der Operierten mit Verständnis angenommen. Aus eigener Initiative hatte er den eiternden Armstumpf eines Mannes mit Wasserstoffsuperoxydlösung – die er erst aus Natrium perboricum gewinnen mußte – verbunden!

Den vom Nilpferd verletzten jungen Mann traf ich in schlechtem Zustand an. Durch die dreiwöchige Abwesenheit war ich verhindert worden, ihn rechtzeitig zu operieren. Er starb während der Amputation des Oberschenkels, die ich nun in Eile unternahm.

Als er die letzten Züge tat, schaute sein Bruder den Mann, der damals mit ihm auf dem verhängnisvollen Fischzug gewesen war und zur Hilfeleistung bei seiner Pflege mitgekommen war, mit drohenden Blicken an und sprach leise auf ihn ein. Während der Tote erkaltete, kam es zu erregten Worten zwischen beiden. Joseph nahm mich beiseite und erklärte mir den Auftritt. N'Kendju, der Begleiter, war mit dem Unglücklichen zusammen auf dem Fischfang gewesen, als sie vom Nilpferd angegriffen wurden, und zwar hatte er ihn an jenem Tage zum gemeinsamen Fischen aufgefordert. Also war er, nach dem Rechte der Eingeborenen, für ihn verantwortlich und haftbar. Darum hatte er sein Dorf im Stiche lassen müssen, um die ganzen Wochen beim Verletzten zu weilen. Und nun, da sie den Toten den Fluß hinunter ins Dorf brachten, sollte er mit, damit der Rechtsfall gleich erledigt würde. Er aber wollte nicht, da er wußte, daß es seinen Tod bedeuten würde. Ich erklärte dem Bruder, daß ich N'Kendju als in meinem Dienst stehend betrachte und nicht ziehen lasse. Darüber kam es zwischen ihm und mir zu erregten Auseinandersetzungen, während der Tote in das Kanoe gebettet wurde und die Mütter und die Tanten die Totenklage anstimmten. Er behauptete, man wolle N'Kendju nicht töten, sondern ihn nur mit Geldbuße belegen. Joseph aber sagte mir, daß auf solche Versicherungen nichts zu geben sei. Ich mußte bis zur Abfahrt am Strande bleiben, da sie sonst den Mann mit Gewalt heimlich ins Boot gezerrt hätten.

Meine Frau war erschüttert, daß der Neger, während sein Bruder in den letzten Zügen lag, nichts von Schmerz zeigte, sondern nur an den Austrag des Rechtsfalles dachte, und empörte sich über seine Gefühllosigkeit. Damit tat sie ihm wohl unrecht. Er erfüllte nur eine heilige Pflicht, indem er alsbald darauf sann, daß derjenige, der nach seiner Ansicht für das Leben des Bruders verantwortlich war, sich der Vergeltung nicht entzöge.

Für den Neger ist es eine undenkbare Vorstellung, daß eine Tat ungesühnt bleiben könne. Er denkt hierin ganz hegelianisch. Die juristische Seite einer Angelegenheit steht für ihn immer im Vordergrund. Darum nimmt die Diskussion der Rechtsfälle einen großen Teil seiner Zeit in Anspruch. Der schlimmste europäische Prozessierer ist ein Unschuldsknabe dem Neger gegenüber. Aber bei dem letzteren ist es eben nicht die Prozessiersucht, die ihn treibt, sondern nur der ganz ungebrochene Gerechtigkeitssinn, wie ihn der Europäer überhaupt nicht mehr besitzt.

Als ich bei einem an schwerer Bauchwassersucht leidenden Pahouin die Punktion vornahm, sagte er mir: „Doktor, mach schnell, daß alles Wasser herausläuft, damit ich wieder atmen und laufen kann. Als mein Leib so dick wurde, hat mich mein Weib verlassen. Nun muß ich schnell auf Rückgabe des Geldes, das ich bei der Heirat für sie bezahlt habe, drängen."

Ein Kind wurde in trostlosem Zustande gebracht. Das rechte Bein war bis auf die Hälfte von einem Geschwür zerfressen. „Warum seid ihr nicht eher gekommen?" „Doktor, wir konnten nicht; es war noch ein Palaver zu erledigen." Palaver heißt jeder zu gerichtlichem Austrag kommende Streitfall. Die großen und die kleinen Angelegenheiten werden mit demselben Ernste und der gleichen Umständlichkeit erledigt. Um eines Huhnes willen wird ein ganzer Nachmittag vor den Dorfältesten verhandelt. Jeder Neger ist in der Juristerei bewandert.

Das Rechtsleben wird dadurch sehr kompliziert, daß die Grenzen der Verantwortlichkeit nach unseren Begriffen außerordentlich weit gezogen sind. Für die Schulden eines Negers ist seine ganze Familie bis in die entferntesten Grade haftbar. Auch sind die Bußen außerordentlich hart. Hat ein Mann einen Tag lang widerrechtlich das Kanoe eines anderen benutzt, so muß er den dritten Teil des Wertes desselben als Strafe zahlen.

Mit dem ungebrochenen Gerechtigkeitsgefühl hängt zusammen, daß der Eingeborene die Strafe als etwas ganz Selbstverständliches hinnimmt, auch wenn sie für das Vergehen, nach unseren Begriffen, viel zu hoch ist. Würde er nicht bestraft werden, so fände er dafür nur die Erklärung, daß die Geschädigten merkwürdig töricht seien. Jedoch bringt ihn die geringste ungerechte Verurteilung in große Erregung. Er verzeiht sie nie.

Als gerecht empfindet er die Strafe aber nur, wenn er wirklich überführt ist und bekennen muß. Solange er noch mit irgendeinem Scheine von Glaubwürdigkeit leugnen kann, entrüstet er sich in ehrlichster Weise über die Verurteilung, auch wenn er tatsächlich schuldig ist. Diesem Zug an dem primitiven Menschen muß jeder, der mit ihm zu tun hat, Rechnung tragen.

Daß N'Kendju der Familie des Genossen auf dem unglücklichen Fischzuge eine Entschädigung zahlen muß, obwohl er an dem Tode nur ganz mittelbar schuldig ist, ist selbstverständlich; aber sie sollen die Sache gegen ihn in ordnungsgemäßer Weise auf dem Bezirksgericht in Lambarene zum Austrag bringen. – Bis auf weiteres steht er als zweiter Heilgehilfe in meinem Dienst. Er ist ein wirklicher Wilder, aber ganz anstellig.

Mit Joseph bin ich immer zufrieden. Zwar kann er weder lesen noch schreiben. Trotzdem irrt er sich nicht, wenn er eine Arznei vom Schafte der Apotheke herunterlangen soll. Er erinnert sich des Wortbildes der Inschrift und liest diese, ohne die Buchstaben zu kennen. Sein Gedächtnis ist großartig, seine Begabung für Sprachen hervorragend. Er beherrscht acht Negerdialekte und spricht nicht übel französisch und englisch.

Zur Zeit ist er unverheiratet, da seine Frau ihn, als er Koch an der Küste war, verlassen hat, um mit einem Weißen zusammenzuleben. Der Kaufpreis für eine neue Lebensgefährtin würde etwa sechshundert Franken betragen. Man kann das Heiratsgeld auch in Raten bezahlen. Aber Joseph will keine Frau auf Abzahlung, da er dies für „eine üble Sache" hält. „Wenn einer von uns", sagte er mir, „seine Frau nicht ganz bezahlt hat, hat er ein böses Leben. Sie gehorcht ihm nicht und wirft ihm bei jedem Anlaß vor, daß er ihr nichts zu sagen habe, weil sie noch nicht bezahlt sei."

Da Joseph nicht besser zu sparen versteht als die anderen Eingeborenen, habe ich ihm eine Sparbüchse zum Kaufe einer Frau angelegt. In diese fließen alle Gratifikationen für Nachtwachen und für außerordentliche Dienstleistungen und die Trinkgelder der weißen Patienten.

Wie verschwenderisch der „erste Heilgehilfe des Doktors von Lambarene" – wie er sich selber nennt – ist, erlebte ich dieser Tage. Er begleitete mich, als ich in einer Faktorei Nägel und Schrauben kaufte. Dabei stachen ihm ein Paar Lackschuhe in die Augen, die fast so viel kosten sollten, als er im Monat verdient. Es waren Lackschuhe, die vom langen Stehen in einem Pariser Schaufenster von der Sonne verbrannt und rissig geworden waren und daraufhin, wie so viele Ramschware, den Weg nach Afrika gefunden hatten. Warnende Blicke halfen nichts. Ihm vom Kaufe abraten durfte ich nicht, da es mir der weiße Händler, der froh war, die Schuhe loszuwerden, übelgenommen hätte. Ein paar sanfte Rippenstöße, die ich ihm heimlich versetzte, während wir am Ladentisch zwischen gaffenden Negern eingekeilt waren, nützten auch nichts. Zuletzt kniff ich ihn unbemerkt, so stark ich konnte, von hinten in die Schenkel, bis er den Schmerz nicht mehr aushielt und die Verhandlung mit dem Weißen abbrach. Als wir im Kanoe saßen, hielt ich ihm eine lange Rede über seinen kindischen Hang zur Verschwendung mit dem Erfolge, daß er am anderen Tage heimlich auf die Faktorei fuhr und die Lackschuhe kaufte. Gut die Hälfte von dem, was er bei mir verdient, gibt er für Kleider, Schuhe, Krawatten und Zucker aus. Er ist viel eleganter gekleidet als ich.

Die Arbeit ist in den letzten Monaten noch stetig gewachsen. Mein Spital liegt ausgezeichnet. Von stromaufwärts und stromabwärts können die Kranken Hunderte von Kilometern weit her im Kanoe auf dem Ogowe und seinen Nebenflüssen zu mir gebracht werden. Daß ihre Begleiter mit ihnen bei mir logieren können, trägt auch viel dazu bei, daß das Spital stark benützt wird. Dazu kommt noch eines: ich bin immer zu Hause, es sei denn, daß ich, was bisher nur zwei- oder dreimal der Fall war, auf eine der anderen Missionsstationen mußte, um einen schwerkranken Missionar oder jemand von seiner Familie zu pflegen. Der Eingeborene, der sich also von ferne her aufmacht, um zu mir zu kommen, und die Mühe und die Kosten der Fahrt aufwendet, ist sicher, mich auch wirklich anzutreffen. Das ist der große Vorteil, den der freie Arzt dem von der Regierung angestellten gegenüber voraus hat. Der letztere wird von der Behörde öfters hierhin und dorthin beordert, oder muß sich auf längere Zeit mit Militärkolonnen auf den Weg machen. „Und daß Sie nicht so viele Zeit mit Schreibereien, Berichten und Statistiken verlieren müssen, wie die andern, das ist ein Vorteil, den Sie noch gar nicht ermessen", sagte mir letzthin ein Militärarzt, der mich bei der Durchreise begrüßte.

Die Schlafkrankenhütte auf dem gegenüberliegenden Ufer ist augenblicklich im Bau. Sie kostet mich nicht nur viel Geld sondern auch viel Zeit. Wenn ich die zum Ausroden des Waldes und zum Errichten der Hütte geworbenen Arbeiter nicht selbst überwache, wird nichts geleistet. Ganze Nachmittage muß ich die Kranken vernachlässigen, um drüben den Aufseher zu spielen.

Die Schlafkrankheit ist hier noch mehr verbreitet als ich anfänglich annahm. Ihr Hauptherd liegt im Gebiet der N'Gounje, des Nebenflusses des Ogowe, etwa hundertundfünfzig Kilometer von hier. Vereinzelte Herde finden sich um Lambarene herum und an den Seen hinter N'Gômô.

Die Schlafkrankheit

Was ist die Schlafkrankheit? Wie verbreitet sie sich? Sie scheint von jeher in Äquatorialafrika gewesen zu sein. Aber sie blieb auf ihre Herde beschränkt, da kein Verkehr herrschte. Der Handel unter den Eingeborenen ging nämlich so vor sich, daß jeder Stamm die Waren vom Meer nach dem Innern und vom Innern nach dem Meer bis an die Grenze seines Gebietes brachte, wo sie von den Händlern des anderen Stammes übernommen wurden. Von meinem Fenster aus sehe ich die Stelle, wo die N'Gounje in den Ogowe mündet. Bis dorthin konnten die Galoas, die um Lambarene wohnen, reisen. Wer diesen Punkt überschritt und weiter nach dem Innern ging, wurde aufgegessen.

Als die Europäer kamen, führten sie in ihren Rudermannschaften und Trägerkarawanen Schwarze aus einer Gegend in die andere. Waren unter diesen Schlafkranke, so brachten sie die Krankheit in neue Gegenden. Am Ogowe war sie früher unbekannt. Sie wurde vor etwa dreißig Jahren durch Träger aus Loango eingeschleppt.

Kommt die Schlafkrankheit in ein neues Gebiet, so richtet sie zunächst ungeheure Verheerungen an. Im ersten Ansturm kann sie ein Drittel der Bevölkerung dahinraffen. So zum Beispiel brachte sie im Bezirke von Uganda in sechs Jahren die Einwohnerzahl von dreihunderttausend auf hunderttausend herunter. Ein Offizier erzählte mir, daß er im Oberlauf des Ogowe ein Dorf mit etwa zweitausend Einwohnern angetroffen habe. Als er zwei Jahre später wieder dort vorüberkam, zählte er noch fünfhundert. Die anderen waren unterdessen an der Schlafkrankheit gestorben.

Nach einiger Zeit verliert die Schlafkrankheit, ohne daß wir diese Tatsache zu erklären vermöchten, an Heftigkeit, fordert aber fortgesetzt regelmäßige Opfer. Plötzlich kann sie dann wieder verheerend auftreten.

Das Leiden beginnt mit unregelmäßigen, bald stärkeren, bald leichteren Fiebern. Diese können monatelang kommen und gehen, ohne daß der Mensch sich eigentlich krank fühlt. Es gibt Patienten, die fast aus dem gesunden Zustand ins Schlafen kommen. Gewöhnlich aber treten im Verlaufe der Fieberperiode schwere Kopfschmerzen auf. Wie manchen Kranken habe ich vor mich treten sehen: „Doktor, mein Kopf, mein Kopf! Ich kann nicht mehr leben." Auch quälende Schlaflosigkeit geht dem Schlafstadium voraus. Es gibt auch Kranke, die in diesem Stadium geisteskrank werden. Manche verfallen der Melancholie, andere der Tobsucht. Einer meiner ersten Schlafkranken war ein junger Mann, den man zu mir brachte, weil er sich das Leben nehmen wollte.

Auch rheumatische Schmerzen treten in der Regel neben dem Fieber auf. Ein Weißer aus dem Seengebiet bei N'Gômô kam mit einer Ischias zu mir. Ich untersuchte genauer. Es war beginnende Schlafkrankheit. Ich schickte ihn sogleich ins Institut Pasteur nach Paris, in dem die französischen Schlafkranken gepflegt werden.

Sehr oft bemerken die Kranken einen beängstigenden Schwund des Gedächtnisses. Nicht selten ist dies das erste Symptom ihrer Krankheit, das ihrer Umgebung auffällt.

Mit der Zeit, manchmal erst zwei oder drei Jahre nach den ersten Fiebern, setzt das Schlafen ein. Zuerst ist es gewöhnlich nur ein größeres Schlafbedürfnis. Der Kranke nickt ein, wenn er irgendwo ruhig sitzt oder wenn er eben gegessen hat.

Vor kurzem suchte mich ein weißer Unteroffizier aus Mouila, sechs Tagereisen von hier, auf, weil er sich beim Reinigen des Revolvers eine Kugel in die Hand gejagt hatte. Er wohnte auf der katholischen Mission. Sein schwarzer Bursche begleitete ihn jedesmal, wenn er zum Verbinden kam, und wartete draußen. Wenn der Patient mich verließ, gab es fast immer ein Gesuche und Gerufe nach dem Begleiter, bis er zuletzt mit verschlafenem Blick aus einem Winkel hervortrat. Sein Herr beklagte sich bei mir, daß er ihn schon mehrmals verloren habe, weil er irgendwo, wo er sich gerade befand, ein ausgedehntes Schlummerstündchen gehalten habe. Ich untersuchte daraufhin sein Blut und entdeckte Schlafkrankheit.

Zuletzt wird der Schlaf immer fester und geht endlich in Koma über. Die Kranken liegen dann gefühl- und teilnahmslos da, lassen Wasser und Kot abgehen, ohne es zu bemerken, und magern immer mehr ab. Vom Liegen werden der Rücken und die Seiten von immer weiter um sich greifenden Geschwüren bedeckt. Die Knie sind an den Hals gezogen. Das Bild ist entsetzlich.

Der erlösende Tod läßt oft lange auf sich warten. Zuweilen tritt sogar länger anhaltende Besserung auf.

Im Dezember hatte ich einen Kranken in diesem letzten Stadium behandelt. Nach vier Wochen zogen die Seinen mit ihm eilends davon, damit er wenigstens in seinem Dorfe sterbe. Ich selber erwartete das Ende in nächster Zeit. Dieser Tage bekam ich Nachricht, daß er nachher wieder gegessen, gesprochen und aufrecht gesessen habe und erst im April gestorben sei.

Meistens führt eine Pneumonie das Ende herbei.

Die Kenntnis des Wesens der Schlafkrankheit ist eine der jüngsten Errungenschaften der Medizin. Sie knüpft sich an die Namen Ford, Castellani, Bruce, Dutton, Koch, Martin und Leboeuf.

Zum ersten Male wurde die Schlafkrankheit Anno 1803 nach unter den Eingeborenen von Sierra-Leone beobachteten Fällen beschrieben. Nachher wurde sie an Negern studiert, die aus Afrika nach den Antillen und nach Martinique gebracht worden waren. Erst in den sechziger Jahren stellte man umfangreiche Beobachtungen über sie in Afrika selbst an. Sie führten zunächst nur zur näheren Beschreibung der letzten Phase der Krankheit. Daß dieser eine andere vorangehe, wußte man nicht. Niemand konnte auf den Gedanken kommen, Fieberzustände, die sich über längere Jahre hinzogen, mit Schlafkrankheit in Verbindung zu bringen. Dies war erst möglich, als man bei beiden Erkrankungen denselben Erreger entdeckte.

Anno 1901 fanden die englischen Ärzte Ford und Dutton bei der mikroskopischen Untersuchung des Blutes von Fieberkranken in Gambia nicht die erwarteten Parasiten der Malaria, sondern bewegliche kleine Lebewesen, die sie ihrer Form nach mit sich drehenden Bohrern verglichen und daher Trypanosomen (Bohrerkörper) benannten. Zwei Jahre später entdeckten die Leiter der englischen Expedition zur Erforschung der Schlafkrankheit im Ugandagebiete bei einer Reihe von Patienten ebenfalls bewegliche kleine Lebewesen. In Kenntnis der Veröffentlichungen von Ford und Dutton legten sie sich die Frage vor, ob diese nicht mit den bei Fieberkranken aus dem Gebiete des Gambia gefundenen identisch wären, und untersuchten nun ihrerseits Fieberkranke, wobei sie denselben Erreger fanden, wie bei den Schlafkranken. Damit war bewiesen, daß das „Gambienische Fieber" nur ein Vorstadium der Schlafkrankheit ist.

Übertragen wird die Schlafkrankheit hauptsächlich durch die Glossina palpalis, eine Art von Tse-Tse-Fliege. Hat sie sich einmal an einem Schlafkranken infiziert, so verbreitet sie die Krankheit auf lange Zeit, vielleicht ihr ganzes Leben hindurch. Die mit dem Blute des Kranken aufgenommenen Trypanosomen erhalten und vermehren sich in ihr und gelangen durch ihren Speichel in das Blut der Menschen, die von ihr in der Folge gestochen werden. Die Glossinen fliegen nur am Tage.

Bei näherem Studium der Schlafkrankheit stellte sich heraus, daß sie auch durch Moskitos übertragen werden kann, wenn diese sich auf einem Gesunden sättigen, nachdem sie unmittelbar zuvor einen Schlafkranken gestochen haben und davon noch Trypanosomen im Speichel haben. Das Heer der Moskitos setzt also das Werk, das die Glossinen tagsüber betreiben, bei Nacht fort. Armes Afrika!

Aber die Moskitos beherbergen die Trypanosomen nie dauernd in sich. Ihr Speichel ist nur für eine kurze Zeit, nachdem sie ihn auf einem Schlafkranken verunreinigt haben, gefährlich.

Ihrem eigentlichen Wesen nach ist die Schlafkrankheit eine chronische, wohl sicher immer zum Tode führende Entzündung der Hirnhäute und des Gehirns. Diese wird dadurch hervorgerufen, daß die anfangs nur im Blute vorhandenen Trypanosomen später auch in die Flüssigkeit der Hirn- und Rückenmarkshäute (Liquor cerebro-spinalis) übergehen.

Bei der Bekämpfung der Schlafkrankheit handelt es sich darum, die Trypanosomen zu vernichten, solange sie nur im

Blute sind und noch nicht in die Flüssigkeit der Gehirn- und Rückenmarkshäute gekommen sind. Nur im Blute entfaltet das Atoxyl, das einzige Mittel, das uns bisher gegen die Schlafkrankheit zu Gebote steht, eine einigermaßen sichere Wirkung. Im Gehirn und Rückenmark sind die Trypanosomen mehr oder weniger in Sicherheit vor ihm. Atoxyl ist eine Arsen-Anilin-Verbindung (Metaarsensäureanilid).

Der Arzt muß also die Schlafkrankheit festzustellen suchen in dem Stadium, wo sie die ersten Fieber verursacht. Gelingt ihm dies, so ist Aussicht auf Heilung.

In einer Gegend, wo Schlafkrankheit in Frage kommt, ist die Konsultation also sehr kompliziert, weil bei jedem Fieber, bei jedem anhaltenden Kopfschmerz, bei jeder dauernden Schlaflosigkeit und bei allen rheumatischen Schmerzen das Mikroskop zu Rate gezogen werden muß. Und das Unglück will noch, daß die Untersuchung des Blutes auf Trypanosomen nicht einfach, sondern äußerst zeitraubend ist. Es ist nämlich sehr selten, daß diese blassen, etwa achtzehn Tausendstel Millimeter langen und sehr schmalen Parasiten in größerer Zahl im Blute vorhanden sind. Ich selber habe bisher nur einen Fall gesehen, in dem man drei oder vier miteinander im Mikroskop zu Gesicht bekam. Gewöhnlich kann man auch da, wo die Krankheit sicher vorliegt, mehrere Tropfen Blut nacheinander durchsuchen, bis man endlich ein Trypanosoma entdeckt. Dabei müssen für das richtige Durchmustern eines Blutstropfens mindestens zehn Minuten angesetzt werden. Habe ich also eine Stunde über dem Blute eines verdächtigen Patienten gesessen und vier oder fünf Tropfen untersucht, ohne etwas zu finden, so darf ich nicht sagen, daß keine Schlafkrankheit vorliegt, sondern ich muß nun ein noch langwierigeres Verfahren anwenden. Dies besteht darin, daß ich ihm zehn Kubikzentimeter Blut aus einer Vene des Armes entnehme und es nach bestimmten Regeln eine Stunde lang zentrifugiere, wobei ich die obersten Schichten immer abgieße, um dann die letzten Tropfen, in denen sich die Trypanosomen der ganzen zehn Kubikzentimeter niedergeschlagen haben sollen, unter das

Mikroskop zu bringen. Ist auch jetzt das Resultat negativ, so darf ich immer noch nicht behaupten, daß Schlafkrankheit nicht vorliege. Sind heute keine Trypanosomen im Blute zu entdecken, so treffe ich sie vielleicht in zehn Tagen darin an, und habe ich sie heute darin entdeckt, so sind in drei Tagen für einige Zeit keine mehr darin zu finden! Ein weißer Beamter, bei dem ich Trypanosomen festgestellt hatte, wurde nachher in Libreville wochenlang beobachtet, ohne daß wieder welche gefunden wurden. Erst im Schlafkranken-Institut in Brazzaville wurden sie aufs neue festgestellt.

Zwei Patienten mit verdächtigem Fieber oder Kopfschmerz bannen mich, wenn ich gewissenhaft verfahren will, also den ganzen Morgen ans Mikroskop. Draußen aber sitzen zwanzig Kranke, die vor Mittag erledigt sein wollen! Die Operierten sollen verbunden werden! Ich muß Wasser destillieren, Medikamente bereiten, Geschwüre auskratzen, Zähne ziehen! Von diesem Gehetztsein und von der Ungeduld der Patienten werde ich oft so nervös, daß ich mich selber nicht mehr kenne.

Habe ich Trypanosomen entdeckt, so spritze ich Atoxyl, in destilliertem Wasser gelöst, unter die Haut ein, und zwar am ersten Tage 0,5 Gramm, am dritten 0,75 Gramm, am fünften Tage 1,0 Gramm und von da an 0,5 Gramm alle fünf Tage. Bei Frauen und Kindern werden die Dosen entsprechend vermindert. Die bei hundertundzehn Grad sterilisierten Lösungen sind wirksamer als die einfach bereiteten.

Atoxyl ist ein sehr gefährliches Medikament. Steht die Lösung einige Zeit im Licht, so zersetzt sie sich wie die des Salvarsans und wirkt als Gift. Aber auch wenn sie tadellos bereitet und unverdorben ist, kann sie Erblindungen durch Schädigung der Sehnerven hervorrufen. Das liegt nicht an zu großen Dosen. Kleine sind oft gefährlicher als große. Außerdem führen sie zu nichts. Fängt man mit zu kleinen Dosen an, um zu erproben, wie der Patient das Mittel verträgt, so gewöhnen sich die Trypanosomen an dasselbe. Sie werden, wie man sagt, „atoxylfest" und trotzen dann auch den stärksten Dosen.

Geschwüre

Alle fünf Tage kommen meine Schlafkranken zur Einspritzung. Ehe ich beginne, frage ich mit Bangen, ob keiner bemerkt, daß er weniger gut sieht. Glücklicherweise habe ich bisher nur eine Erblindung, und zwar bei einem schon schwer erkrankten Schlafkranken, zu verzeichnen.

Zur Zeit hat sich die Schlafkrankheit von der Ostküste Afrikas bis zur Westküste und vom Niger im Norden bis zum Zambesi im Süden ausgebreitet. Werden wir ihrer Herr werden? Ihre systematische Bekämpfung in diesem weiten Gebiet würde viele Ärzte und viel, viel Geld erfordern... Und wo der Tod schon als Sieger einherschreitet, knausern die europäischen Staaten mit den Mitteln, ihm Einhalt zu tun, um dafür in sinnlosen Rüstungen ihm die Möglichkeit einer neuen Ernte in Europa selbst zu schaffen.

Neben der Schlafkrankheit nimmt mir die Behandlung der Geschwüre am meisten Zeit. Geschwüre sind hier viel, viel häufiger als in Europa. Unter den Kindern der hiesigen Schule hat ein Viertel ständig Geschwüre. Welches ist ihr Ursprung?

Viele Geschwüre rühren vom Sandfloh (Rhynchoprion penetrans) her, der viel kleiner als der gewöhnliche Floh ist. Sein Weibchen bohrt sich in die weichste Stelle der Zehe, mit Vorliebe unter dem Nagel ein und erreicht unter der Haut die Größe einer kleinen Linse. Die Entfernung des Schmarotzers verursacht kleine Wunden. Kommt Infektion durch Schmutz hinzu, so tritt eine Art Gangrän ein, der oft die Zehe oder ein Glied derselben zum Opfer fällt. Hier sind die Neger, die alle zehn Zehen vollständig haben, fast seltener als die, bei denen eine oder mehrere verstümmelt sind. Interessant ist, daß der Sandfloh, der jetzt eine wahre Plage Zentralafrikas bildet, hier nicht von jeher heimisch war, sondern erst 1872 von Südamerika eingeschleppt wurde. In einem Jahrzehnte durchwanderte er dann den schwarzen Kontinent vom Atlantischen zum Indischen Ozean. Auch eine der übelsten Ameisen, die wir hier haben, die sogenannte Sangunagenta, wurde durch Kisten, die von Südamerika übers Meer kamen, hier heimisch.

Zu den durch den Sandfloh verursachten Geschwüren kommen die des sogenannten Craw-Craw. Sie treten gewöhnlich in der Mehrzahl auf und befallen mit Vorliebe den Fuß und den Unterschenkel und schmerzen furchtbar. Ihr Erreger ist unbekannt. Die Behandlung besteht darin, daß man das Geschwür mit einem Wattepfropfen ausbohrt, bis es richtig blutet. Dann wird es mit Sublimat ausgewaschen und mit Borsäure, die bekanntlich ein Pulver ist, ausgefüllt. Darüber kommt ein Verband, den man zehn Tage liegen läßt.

Andere Geschwüre werden durch die sogenannte Framboesia (Himbeerkrankheit) verursacht. Sie können auf dem ganzen Körper auftreten. Die Framboesia hat ihren Namen davon, daß sie sich in ihrem ersten Auftreten in erhabenen, von einer gelben Kruste bedeckten Ausschlägen kundgibt. Entfernt man die Kruste, so kommt eine leicht blutende Oberfläche zum Vorschein, und der Ausschlag sieht dann wirklich wie eine auf die Haut geklebte Himbeere aus. Einmal wurde mir ein Säugling gebracht, der sich an der Brust seiner Mutter infiziert hatte. Er sah aus, als wäre er mit einer klebrigen Masse bestrichen und mit Himbeeren besetzt worden. Sind diese ersten Ausschläge abgelaufen, so treten durch Jahre hindurch flache Geschwüre an den verschiedensten Stellen des Körpers auf.

Diese in allen tropischen Gegenden verbreitete Krankheit ist sehr ansteckend. Fast alle Neger machen sie hier durch. Die alte Behandlung bestand darin, daß man die Geschwüre mit einer Lösung von Kupfersulfat (Cuprum sulfuricum) betupfte und dem Kranken täglich zwei Gramm Jodkali (Kalium jodatum), in Wasser gelöst, gab. Neuerdings hat sich gezeigt, daß Einspritzungen von Arsenobenzol in die Armvenen schnelle und dauernde Heilung bringen. Wie durch Zauber verschwinden die Geschwüre.

Die übelsten Geschwüre sind die sogenannten phagedänischen – das heißt weiterfressenden – tropischen Geschwüre

9. Stumpf eines Mahagonibaumes. Der Baum war unten so dick, daß er erst in vier Meter Höhe geschlagen werden konnte. Beim Fällen standen die Holzbauer auf dem um den Baum aufgeführten Gerüst

10. *Floß auf dem Ogowe*

(Ulcus phagedaenicum tropicum). Sie breiten sich nach allen Richtungen aus. Nicht selten ist das ganze Bein eine einzige wunde Fläche, in der die Sehnen und Knochen wie weiße Inseln liegen. Die Schmerzen sind furchtbar. Der Gestank ist derart, daß es niemand in der Nähe dieser Kranken aushalten kann. Sie liegen in irgendeiner Hütte und bekommen das Essen gebracht. Nach und nach magern sie ab und sterben, nachdem sie furchtbar gelitten haben. Diese schrecklichsten der Geschwüre sind am Ogowe sehr verbreitet. Mit Desinfizieren und Verbinden ist nichts geschehen. Der Kranke muß eingeschläfert und das Geschwür sorgfältigst bis auf das gesunde Gewebe ausgekratzt werden. Ist diese Arbeit, bei der das Blut in Strömen fließt, getan, so wird es mit einer Lösung von Kalium permanganicum ausgewaschen. Nun muß man Tag für Tag nachsehen, ob sich nicht irgendwo wiederum ein eitriger Fleck zeigt, und an jener Stelle sogleich wieder von neuem auskratzen. Bis das Geschwür ausgeheilt ist, kann es Wochen, ja Monate dauern. Eine halbe Kiste von Verbandstoffen geht drauf. Und was kostet es mich, den Kranken so lange zu ernähren! Aber welche Freude, wenn er, zwar hinkend – weil der Fuß durch die Narben verkrümmt wird –, aber so glücklich, von dem schmerzenden und stinkenden Elend befreit zu sein, zur Heimfahrt ins Kanoe steigt!

Viele Arbeit machen mir auch die Aussätzigen. Der Aussatz, mit seinem lateinischen Namen Lepra, rührt von einem mit dem Tuberkelbazillus nahe verwandten Bazillus her, den der norwegische Arzt Hansen im Jahre 1871 entdeckte. An eine Isolierung der Aussätzigen ist hier nicht zu denken. In meinem Spital sind manchmal vier oder fünf unter den andern Kranken.

Das Merkwürdigste ist, daß wir wohl annehmen müssen, daß sich die Lepra von Mensch zu Mensch überträgt, daß es aber noch nicht gelungen ist, die Art, wie dies geschieht, nachzuweisen oder Übertragungen im Experiment zu verwirklichen. Das einzige Medikament, das uns gegen die Lepra zur Verfügung steht, ist das sogenannte Chaulmoograöl (Oleum Gynocardiae), das aus dem Samen eines Baumes in Hinterindien gewonnen wird. Es ist sehr teuer und kommt gewöhnlich leider verfälscht in den Handel. Ich beziehe meines durch den emeritierten Missionar Delord aus der französischen Schweiz, der sich, als er in Neukaledonien wirkte, sehr viel mit Leprakranken abgegeben hat und eine sichere direkte Bezugsquelle besitzt. Nach seiner Anweisung auch verabreiche ich das widerwärtig schmeckende Medikament in einem Gemisch von Sesamöl und Erdnußöl, wodurch es leichter ertragen wird. Neuerdings wird auch empfohlen, Chaulmoograöl unter die Haut zu spritzen.

Ob sichere, dauernde Heilungen bei der Lepra zu erzielen sind, ist fraglich. Aber in jedem Falle lassen sich Besserungen und lange anhaltender Stillstand erreichen, die manchmal praktisch einer Heilung fast gleichkommen. Die in den letzten Jahren gemachten Versuche, die Krankheit mit einem aus Leprabazillen gewonnenen, „Nastin" genannten Stoffe zu heilen, lassen Hoffnung aufkommen, daß es einmal gelingen wird, sie auf diese Weise wirksam zu bekämpfen.

Mit dem Sumpffieber, der tropischen Malaria, habe ich, wie jeder Tropenarzt, leider viel zu tun. Die Eingeborenen finden es ganz natürlich, daß jeder von ihnen von Zeit zu Zeit Fieber mit Schüttelfrösten hat. Übel sind die Kinder davon mitgenommen. Die Milz, die infolge dieser Fieber bekanntlich anschwillt und hart und schmerzhaft wird, ragt bei ihnen manchmal wie ein harter Stein unter den linken Rippen in den Leib hinein und geht nicht selten fast bis zum Nabel. Lege ich diese Kinder auf den Tisch, um sie zu untersuchen, so decken sie instinktiv die Gegend der Milz mit den Armen und Händen zu, weil sie Angst haben, ich könnte den schmerzenden Stein aus Versehen berühren. Der malariakranke Neger ist ein müder, zerschlagener, von Kopfschmerzen geplagter Mensch, dem jede Arbeit schwer fällt. Anhaltende Malaria ist bekanntlich immer von Anämie begleitet. Als Medikamente kommen Arsen und Chinin in Betracht. Unser Koch, unser Wäscher und unser Boy bekommen zweimal in der Woche ein halbes Gramm Chinin. Ein Arsenpräparat, „Arrhenal" genannt, hat die Eigenschaft, daß es die Wirksamkeit des Chinins sehr stark erhöht. Ich verwende es in subkutanen Einspritzungen sehr viel bei weißen und schwarzen Kranken.

Unter den Plagen Afrikas darf auch die tropische Dysenterie nicht vergessen werden. Sie wird auch durch eine besondere Art von Amöben – das heißt Lebewesen, die aus einer Zelle bestehen – hervorgerufen. Diese siedeln sich im Dickdarm an und verletzen die Darmwand. Die Schmerzen sind furchtbar. Fort und fort, Tag und Nacht hindurch hat der Kranke das Bedürfnis, den Darm zu entleeren, wobei aber nichts kommt als Blut. Früher war die Behandlung dieser hier sehr häufigen Dysenterie sehr langwierig und im Grunde wenig erfolgreich. Das einzige Mittel, die in Pulver zerriebene Ipecacuanha-Wurzel, konnte nicht in genügend wirksamen Dosen verabreicht werden, weil sie, durch den Mund eingenommen, Erbrechen bewirkt. Seit einigen Jahren verwendet man nun das aus dieser Wurzel gewonnene wirksame Prinzip, das salzsaure Emetin (Emetinum chlorhydricum). Spritzt man es in einer einprozentigen Lösung an mehreren Tagen hintereinander – sechs bis acht Kubikzentimeter im Tag – unter die Haut, so tritt alsbald Besserung und gewöhnlich dauernde Heilung ein. Die Erfolge grenzen ans Wunderbare. Auf Diät braucht man dabei nicht zu achten. Der Kranke darf essen, wonach er Lust hat, Nilpferdfleisch, wenn es ein Schwarzer, Kartoffelsalat, wenn es ein Weißer ist! Wenn ein Arzt in den Tropen nur das ausrichten könnte, was ihm die beiden neuentdeckten Mittel, Arsenobenzol und Emetin, an Heilungen ermöglichen, so wäre dies allein es schon wert, daß er herkäme!

Daß ein großer Teil der Arbeit des Tropenarztes der Bekämpfung häßlicher und häßlichster Krankheiten gilt, die die Europäer zu den Naturkindern gebracht haben, kann ich hier nur andeuten. Welches Elend aber steht hinter dieser Andeutung!

An Operationen unternimmt man im Urwald natürlich nur die, die dringlich sind und sicheren Erfolg versprechen. Am häufigsten habe ich es mit Brüchen (Hernien) zu tun. Die Neger Zentralafrikas sind viel mehr mit Brüchen behaftet als die Weißen. Woher dies kommt, wissen wir nicht. Eingeklemmte Brüche (inkarzerierte Hernien) sind bei ihnen also auch viel häufiger als bei den Weißen. In dem eingeklemmten Bruch wird der Darm undurchgänglich. Er kann sich also nicht mehr entleeren und wird durch die sich bildenden Gase aufgetrieben. Von dieser Auftreibung rühren die furchtbaren Schmerzen her. Nach einer Reihe qualvoller Tage tritt, wenn es nicht gelingt, den Darm aus dem Bruch in den Leib zurückzubringen, der Tod ein. Unsere Voreltern kannten dieses furchtbare Sterben. Heute bekommen wir es in Europa nicht mehr zu sehen, weil bei uns jede inkarzerierte Hernie, kaum daß der Arzt sie festgestellt hat, sogleich operiert wird. „Laßt die Sonne nicht über einer inkarzerierten Hernie untergehen", bekommen die Studenten der Medizin fort und fort eingeschärft. In Afrika ist dieses grausige Sterben aber etwas Gewöhnliches. Schon als Knabe war der Neger dabei, wenn ein Mann sich tagelang heulend im Sande der Hütte wälzte, bis der Tod als Erlöser kam. Kaum fühlt also ein Mann, daß sein Bruch eingeklemmt ist – Hernien bei Frauen sind viel seltener als bei Männern –, so fleht er die Seinen an, ihn ins Kanoe zu legen und zu mir zu führen.

Wie meine Gefühle beschreiben, wenn solch ein Armer gebracht wird! Ich bin ja der einzige, der hier helfen kann, auf Hunderte von Kilometern. Weil ich hier bin, weil meine Freunde mir die Mittel geben, ist er wie die, die in demselben Falle vor ihm kamen und nach ihm kommen werden, zu retten, während er anders der Qual verfallen wäre. Ich rede nicht davon, daß ich ihm das Leben retten kann. Sterben müssen wir alle. Aber daß ich die Tage der Qual von ihm nehmen darf, das ist es, was ich als die große, immer neue Gnade empfinde. Der Schmerz ist ein furchtbarer Herr als der Tod.

So lege ich dem jammernden Menschen die Hand auf die Stirne und sage ihm: „Sei ruhig. In einer Stunde wirst du schlafen, und wenn du wieder erwachst, ist kein Schmerz mehr." Darauf bekommt er eine subkutane Injektion von Pantopon. Die Frau Doktor wird ins Spital gerufen und bereitet mit Joseph alles zur Operation vor. Bei der Operation übernimmt sie die Narkose. Joseph, mit langen Gummihandschuhen, fungiert als Assistent.

Die Operation ist vorüber. Unter der dunklen Schlafbaracke überwache ich das Aufwachen des Patienten. Kaum ist er bei Besinnung, so schaut er erstaunt umher und wiederholt fort und fort: „Ich habe ja nicht mehr weh, ich habe ja nicht mehr weh!" Seine Hand sucht die meine und will sie nicht mehr loslassen. Dann fange ich an, ihm und denen, die dabeisitzen, zu erzählen, daß es der Herr Jesus ist, der dem Doktor und seiner Frau geboten hat, hier an den Ogowe zu kommen, und daß weiße Menschen in Europa uns die Mittel geben, um hier für die Kranken zu leben. Nun muß ich auf die Fragen, wer jene Menschen sind, wo sie wohnen, woher sie wissen, daß die Eingeborenen so viel unter Krankheiten leiden, Antwort geben. Durch die Kaffeesträucher hindurch scheint die afrikanische Sonne in die dunkle Hütte. Wir aber, Schwarz und Weiß, sitzen untereinander und erleben es: „Ihr aber seid alle Brüder." Ach, könnten die gebenden Freunde in Europa in einer solchen Stunde dabei sein! ...

VI. HOLZFÄLLER UND HOLZFLÖSSER IM URWALD

Kap Lopez, 25.–29. Juli 1914

Ein Abszeß, zu dessen Eröffnung ich die Hilfe des Militärarztes in Kap Lopez nötig zu haben glaubte, zwang mich dieser Tage plötzlich, nach Kap Lopez ans Meer herunterzukommen.

Zum Glück öffnete er sich, kaum daß wir hier waren, von selbst, so daß weitere Komplikationen ausgeschlossen sind. Meine Frau und ich sind freundlich in dem Hause eines Faktoreiangestellten namens Fourier aufgenommen, dessen Frau diesen Sommer über zwei Monate bei uns in Lambarene war und bei uns ihre Niederkunft erwartete. Herr Fourier ist der Enkel des französischen Philosophen Fourier (1772–1837), mit dessen sozialen Theorien ich mich als Student beschäftigte. Nun ist sein Urenkel bei mir im Urwald auf die Welt gekommen.

Ich kann mich noch nicht bewegen und verbringe den ganzen Tag in einem Liegestuhl auf der Veranda, mit meiner Frau auf das Meer hinausschauend und mit Behagen die frische Seeluft atmend. Schon daß die Luft überhaupt bewegt ist, ist für uns eine Wonne. In Lambarene gibt es nie Wind, außer in den kurzen Gewitterstürmen, den Tornados.

Ich benutze die freie Zeit, um etwas von dem Leben der Holzhauer und Holzflößer am Ogowe zu erzählen.

Erst seit etwa dreißig Jahren beginnt man die großen Wälder Westafrikas und Äquatorialafrikas auszubeuten. Die Aufgabe ist nicht so leicht, wie sie scheint. Herrliches Holz ist da die Menge. Wie es aber schlagen und transportieren?

Wert hat am Ogowe vorläufig im allgemeinen nur das Holz, das in der Nähe des Wassers steht. Der herrlichste Baum, einen Kilometer vom Fluß oder vom See entfernt, ist vor der Axt sicher. Was nützt es, ihn zu schlagen, wenn man ihn nicht transportieren kann?

Warum baut man nicht Feldbahnen, um die Blöcke ans Wasser zu transportieren? So kann nur der fragen, der nicht weiß, was der Urwald Äquatorialafrikas ist. Der Boden des Urwaldes besteht aus gigantischen Wurzeln und aus Sumpf. Die Arbeit, um nur für zweihundert Meter Feldbahn den Weg freizumachen – das heißt, die Bäume umzuhauen, die Wurzeln zu entfernen und den Sumpf auszufüllen – würde mehr kosten, als hundert Tonnen des schönsten Holzes in Kap Lopez gelten. Darum können hier Feldbahnen nur auf besonders günstigem

Gelände ohne zu große Kosten gebaut werden. Im Urwald lernt man, wie ohnmächtig der Mensch der Natur gegenüber ist.

Es heißt also in der Regel, auf primitive Weise arbeiten. Das ist auch schon darum nötig, weil man nur primitive Menschen zum Arbeiten hat ... und diese nicht einmal in genügender Anzahl. Man hat davon gesprochen, Anamiten und Chinesen hierher zu verpflanzen. Die Versuche sind aussichtslos. Fremde können im Urwald Afrikas nichts leisten, weil sie die Hitze und das Kampieren im Walde nicht ertragen und sich mit den Mitteln, die das Land bietet, nicht ernähren lassen.

Zuerst heißt es, den richtigen Platz entdecken. Im Urwald wachsen die Bäume der verschiedensten Arten durcheinander. Das Holzschlagen lohnt sich nur da, wo eine größere Anzahl von Bäumen der gesuchten Art in der Nähe des Wassers zusammenstehen. Solche Plätze sind den Eingeborenen bekannt. Gewöhnlich liegen sie weit im Wald drin, stehen aber bei Hochwasser mit dem Fluß durch einen schmalen Wasserlauf oder durch einen Teich, der dann zum See wird, in Verbindung. Die Eingeborenen behalten die Kenntnis solcher Plätze für sich und legen es darauf an, den Weißen, der in ihrer Gegend danach sucht, irrezuführen. Ein Europäer erzählte mir, daß die Männer eines Dorfes über zwei Monate reiche Geschenke in Tabak, Schnaps und Tuch von ihm annahmen und dafür jeden Tag mit ihm auf die Suche nach guten Plätzen gingen. Er fand aber keine, die wirklich gute Ausbeute versprachen. Zuletzt erfuhr er durch ein zufällig belauschtes Gespräch, daß sie ihn an den guten Stellen absichtlich vorbeiführten, worauf die Freundschaft ein Ende hatte.

Das unmittelbar am Fluß stehende Holz ist schon zum großen Teil geschlagen.

Etwa die Hälfte der Wälder ist europäischen Gesellschaften in Konzession überlassen. Die andern sind frei. Jedermann, ob Weißer, ob Neger, kann darin Holz schlagen, wo es ihm beliebt. Auch in den konzessionierten Waldungen lassen die Gesellschaften die Neger oft nach Belieben Bäume fällen, als wären es freie Waldungen, nur unter der Bedingung, daß sie das Holz der Gesellschaft selber und nicht anderen Holzhändlern verkaufen.

Die große Sache hier ist eben nicht, Wälder zu besitzen, sondern gefälltes Holz zu haben. Das Holz, das die Neger auf eigene Rechnung fällen und zum Verkauf anbieten, kommt an sich billiger als das, das der Europäer mit gedungenen Arbeitern schlägt. Aber die Lieferungen der Neger sind so ungewiß, daß man sich im Handel nicht darauf verlassen kann. Vielleicht fällt es ihnen ein, Feste zu feiern oder Fischzüge zu unternehmen, während gerade größte Nachfrage nach Holz ist. Jede Firma kauft also Holz bei den Eingeborenen und schlägt zugleich Bäume mit gedungenen Arbeitern.

Ist ein günstiger Holzplatz entdeckt, so kommen die Männer eines Dorfes, die sich zu seiner Ausbeutung zusammengetan haben, oder der Weiße mit seinen Arbeitern und errichten zunächst Hütten zum Kampieren. Die große Schwierigkeit ist die Verpflegung. Woher in der Wildnis wochen- und monatelang die Nahrung für sechzig oder hundert Männer schaffen? Das nächste Dorf und die nächsten Pflanzungen liegen vielleicht vierzig Kilometer weit weg und sind nur in mühseliger Wanderung durch Morast und Sumpf zu erreichen. Nun sind aber Bananen und Maniok, die gewöhnlichen Nahrungsmittel, weil sie viel Platz einnehmen, schwer zu transportieren. Dazu kommt noch, daß sie sich nur wenige Tage halten. Das große Unglück Äquatorialafrikas ist ja, daß hier nichts Eßbares wächst, das sich längere Zeit konservieren läßt. Die Natur bringt das ganze Jahr hindurch, je nach der Zeit, bald spärlicher, bald reichlicher, Bananen und Maniok hervor. Aber Bananen faulen sechs Tage, nachdem sie gepflückt sind, und das Maniokbrot zehn Tage, nachdem es bereitet ist.

Die Maniokwurzel als solche ist ungenießbar, da es giftige, Cyansäure enthaltende Arten derselben gibt. Um das Gift zu entfernen, legt man die Wurzeln mehrere Tage lang in fließendes Wasser. Stanley verlor einmal dreihundert Träger, die in der Eile Maniok, der nicht genügend gewässert war, gegessen hatten. Ist die Wurzel lange genug im Wasser gelegen, so wird sie zerrieben und macht eine Gärung durch. Es entsteht dann eine Art zähen, dunklen Teiges, der in Form von schmalen Stangen in Blätter eingewickelt und aufbewahrt wird. Diese Maniokstangen sind für den Europäer schwer zu genießen. Bekanntlich ist der Sago, den wir in Suppen essen, aus Maniok bereitet.

Da die regelmäßige Versorgung mit einheimischen Lebensmitteln so schwer ist, müssen sich die schwarzen Holzhändler oft dazu entschließen, von Reis und ... europäischen Konserven zu leben! Von den letzteren kommen hauptsächlich billige, extra für den Export nach dem Innern Afrikas bestimmte Sardinenbüchsen in Betracht, von denen die Faktoreien immer einen großen Stock vorrätig haben. Gekauft werden aber auch, der Abwechslung halber: Hummerkonserven, Spargelkonserven, kalifornische Früchte! Teuerste Konserven, die sich der wohlhabende Europäer als Luxus versagt, ißt der Neger als Holzhauer aus Not.

Ja – und die Jagd? Im eigentlichen Urwald ist die Jagd unergiebig. Wohl gibt es Wild. Aber wie will es der Jäger in dem dichten Gestrüpp sehen und verfolgen? Gute Jagd ist nur da, wo waldlose Sümpfe oder Grassteppen mit Urwald abwechseln. Aber dort ist gewöhnlich kein Holz zu schlagen. So paradox es klingt: man kann nirgends so leicht verhungern als in der üppigen Vegetation des wildreichen Urwalds Äquatorialafrikas.

Was die Holzarbeiter bei Tage unter der Tse-Tse, bei Nacht unter den Moskitos ausstehen, läßt sich nicht sagen. Auch müssen sie tagelang bis zu den Hüften im Sumpfe stehen. Alle haben sie häufig Fieber und Rheumatismus.

Das Fällen der Bäume ist sehr mühselig, der Dicke der Stämme wegen. Und die Urwaldriesen wachsen nicht rund und glatt aus der Erde empor, sondern sind durch eine Reihe von gewaltigen, kantigen Vorsprüngen, die Strebepfeilern gleich aus dem Stamme in die Hauptwurzeln übergehen, in den Boden verankert. Als hätte die Natur von den besten Baumeistern gelernt, gibt sie diesen gewaltigen Bäumen den einzig zweckmäßigen Schutz gegen die Gewalt der Tornados.

In vielen Fällen ist an ein Abhauen des Baumes am Boden gar nicht zu denken. Die Axt kann ihre Arbeit erst in Kopfhöhe beginnen, oder es muß gar ein Gerüst gebaut werden, auf dem die Holzhauer stehen.

Nachdem einige Männer sich tagelang abgemüht haben, hat die Axt ihr Werk getan. Oft aber fällt der Baum dann noch nicht. Er ist mit den Nachbarbäumen durch gewaltige Lianen verwachsen. Erst wenn auch diese umgehauen sind, stürzt er selber mit ihnen zu Boden.

Liegen die Stämme, so beginnt das Zerlegen. Man zersägt oder zerhaut sie mit der Axt in vier bis fünf Meter lange Stücke. Kommt man an die Stelle, wo der Durchmesser nur noch sechzig Zentimeter beträgt, so hört man auf. Der Rest bleibt liegen und verfault. Auch die zu dicken Stücke werden liegengelassen, weil sie zu schwer zu handhaben sind. Die Händler wollen nur, was zwischen hundertfünfzig und sechzig Zentimeter Durchmesser mißt.

Das Fällen und Zerlegen der Bäume geschieht gewöhnlich in der trockenen Jahreszeit, also zwischen Juni und Oktober. Dann wird der Weg, auf dem die mächtigen, oft an die drei Tonnen schweren Stücke nach dem nächsten Teich gerollt werden sollen, ausgehauen. Es beginnt ein Kampf mit stehengebliebenen Wurzelstücken und den gewaltigen, auf dem Boden liegenden Baumkronen. Manchmal sind beim Fallen die gesplitterten mächtigen Äste metertief in die Erde eingedrungen! Endlich ist der Weg einigermaßen hergestellt. Die Strecken durch den Morast sind mit Holz ausgefüllt. Nun werden die Stücke eins nach dem andern auf diesen Weg gerollt. An jedem drücken und schieben dreißig Menschen in rhythmischem Geschrei und drehen es in langsamen Rucken um seine Achse. Ist es sehr groß oder nicht ganz rund, so reichen Menschenkräfte nicht aus. Die Drehung muß durch untergesetzte, sich ablösende Winden erreicht werden. Oder es gilt eine Anhöhe zu überwinden! Oder das untergelegte Holz im Morast gibt nach! In einem Nachmittag bringen die dreißig Mann unter Umständen nicht mehr fertig, als daß ein einziges Stück achtzig Meter vorangekommen ist.

Und die Zeit drängt! Für das Hochwasser zu Ende November und Anfang Dezember muß alles Holz in den Teich gerollt sein. Nur in jener Periode steht dieses Wasser mit dem Strom in Verbindung. Was diesen Anschluß nicht erreicht, bleibt im Walde und wird durch die tierischen Holzparasiten – besonders durch eine Art von Borkenkäfern (Bostrichidae) – so zugerichtet, daß es nicht mehr verkauft werden kann. Höchstens ist es vielleicht noch beim Frühjahrshochwasser zu retten. Aber dieses ist oft nicht hoch genug, um alle Teiche mit dem Fluß zu verbinden. Muß das Holz aber ein Jahr bis zum nächsten Herbsthochwasser liegen, so ist es sicher verloren.

Manchmal – ungefähr einmal alle zehn Jahre – erreicht aber nicht einmal das Herbsthochwasser die notwendige Höhe. Dann war auf den vielen Holzplätzen die ganze Arbeit umsonst. Letzten Herbst war dies der Fall. Mittlere und kleinere Holzhändler sollen dadurch dem Ruine nahe sein. Mannschaften ganzer Dörfer haben Monate gearbeitet und können nicht einmal die Schulden decken, die sie für den Kauf von Reis und Konserven machen mußten.

Endlich liegt das Holz in fließendem Wasser, am Ufergebüsch mit Lianen festgemacht. Nun kommt der weiße Holzhändler und kauft, was die Neger der verschiedenen Dörfer ihm anzubieten haben. Dabei tut Vorsicht not. Ist es wirklich Holz von der gewünschten Art, oder haben die Neger nicht Stücke eines Baumes mit ähnlicher Rinde und ähnlicher Faserung, der verlockend in der Nähe des Wassers stand, daruntergeschmuggelt? Ist alles Holz auch frisch oder sind nicht alte Stücke vom vergangenen oder vorvergangenen Jahr darunter, die man an den Enden frisch abgesägt hat, damit sie neu aussehen? Die Erfindungsgabe der Neger, um beim Holzhandel zu betrügen, grenzt ans Unglaubliche. Wehe dem Neuling!

In der Bucht von Libreville sollte ein junger englischer Kaufmann für seine Firma Ebenholz einkaufen. Dieses sehr schwere Holz kommt in kurzen Scheiten in den Handel. Zufrieden berichtete der Engländer nach Hause, es würde ihm massenhaft schönstes Ebenholz geliefert. Kaum aber war seine erste Sendung in England angekommen, so lief bei ihm ein Telegramm ein, daß das, was er als Ebenholz gekauft und geschickt habe, ja gar keines sei. Der teuer erworbene Vorrat war wertlos und er selber für den Schaden haftbar. Die Neger hatten ihm irgendein hartes Holz, das sie einige Monate im schwarzen Morast eingeweicht hatten, verkauft. Im Morast hatte es schwarze Farbe in sich eingesogen, so daß es an den Schnittenden und in den oberflächlichen Schichten das herrlichste Ebenholz vortäuschte. Inwendig aber war es rötlich. Der unerfahrene Weiße hatte verabsäumt, zur Probe einige Scheite durchzusägen.

Der weiße Holzhändler hat das Holz vermessen und gekauft. Das Vermessen ist eine schwere Arbeit, da er dabei immer auf den sich im Wasser drehenden Stämmen herumspringen muß. Nun bezahlt er die Hälfte des Kaufpreises. Den Rest entrichtet er, wenn das Holz, dem jetzt das Zeichen seiner Firma eingehauen wird, glücklich zum Meer hinuntergebracht worden ist. Manchmal kommt es vor, daß Neger dasselbe Holz vier- oder fünfmal verkaufen, jedesmal das Angeld einstreichen und zuletzt irgendwo im Urwald verschwinden, bis der Handel vergessen ist oder der Weiße es müde geworden ist, Zeit und Geld daranzuwenden, den Betrügern nachzugehen, an denen er sich ja, da sie das Geld, bis er sie findet, längst in Tabak und anderen Dingen umgesetzt haben, doch nicht mehr schadlos halten kann.

Jetzt geht es an das Binden der Flöße. Dazu braucht man weder Seil noch Drahtseil. Die biegsamen Lianen des Urwaldes sind besser und billiger. Er liefert sie von Fingerdicke bis zu Armdicke. Sechzig bis hundert der vier oder fünf Meter langen

Baumstämme werden in zwei Reihen hintereinander gelegt und untereinander verbunden. Das Floß ist also acht bis zehn Meter breit und etwa vierzig lang. Sein Gewicht beträgt manchmal an die zweihundert Tonnen. Dünne, lange Hölzer, die in bestimmter Anordnung darüber gebunden sind, geben ihm die nötige Festigkeit. Nun werden noch Hütten aus Bambusrohr und Raphiablättern daraufgebaut. Auf zusammengebundene Holzscheite wird Lehm aufgelegt und so eine Feuerstelle zum Kochen geschaffen. Gewaltige Ruder werden vorn und hinten in mächtigen Gabeln befestigt, damit das Floß einigermaßen regiert werden kann. Jedes wird von mindestens sechs Mann gehandhabt. Die Besatzung eines solchen Floßes zählt also zwischen fünfzehn und zwanzig Köpfen.

Nun werden noch Bananen und Maniokstangen, soviel man bekommen kann, eingekauft. Die Fahrt geht los.

Die Mannschaft muß genau die Lage der sich fortgesetzt verschiebenden Sandbänke wissen, um sie nach Möglichkeit zu vermeiden. Leicht mit dem braunen Wasser bedeckt, sind sie sehr schwer von weitem zu erkennen. Fährt das Floß auf eine derselben auf, so gibt es kein anderes Mittel, es wieder flott zu machen, als die Stämme, die sich in den Sand eingebohrt haben, einen nach dem andern aus dem Floß zu lösen und sie nachher wieder in dasselbe einzufügen. Manchmal müssen sie das ganze Floß auseinandernehmen und wieder zusammensetzen, was unter Umständen acht Tage dauert und den Verlust von so und so viel Baumstämmen, die der Fluß während der Arbeit mitnimmt, nach sich zieht. Und die Zeit ist kostbar, denn die Lebensmittel sind gewöhnlich knapp, und je tiefer man den Ogowe hinunterkommt, desto schwerer wird es, sich neue zu verschaffen. Für einige armselige Bananen heischen die Leute der Dörfer am unteren Ogowe von den hungernden Flößern ein bis anderthalb Franken, wenn sie ihnen überhaupt etwas abgeben.

Auf der Fahrt kommt es nicht selten vor, daß die Neger gute Baumstämme aus dem Floße an andere Eingeborene verkaufen und dafür minderwertige von ganz genau denselben

Dimensionen einfügen und auf diesen dann das Zeichen der Firma täuschend gut nachmachen. Solche minderwertigen, im Walde verworfenen Stücke liegen zu Dutzenden vom letzten Hochwasser her auf den Sandbänken oder in den Buchten des Flusses. Man behauptet, daß es Dörfer gibt, die davon alle Größen vorrätig haben. Das aus dem Floße entfernte gute Holz wird nachher unkenntlich gemacht und wieder an einen Weißen verkauft.

Auch aus anderen Gründen noch muß der Weiße um seine auf der Fahrt befindlichen Flöße in Sorge sein. In so und so viel Tagen soll das Schiff, das sie laden wird, in Kap Lopez einlaufen. Die Flößer können gut bis dahin angekommen sein. Man hat ihnen ein schönes Geschenk für das rechtzeitige Eintreffen versprochen. Aber wenn das Tam-Tam in einem Dorfe am Flusse geschlagen wird, erliegen sie oft der Versuchung, das Floß festzubinden und mitzufeiern ... zwei, drei, vier, fünf, sechs Tage lang. Unterdes wartet das Schiff in Kap Lopez, und der Weiße muß für die Wartetage Strafsummen bezahlen, die das gute Geschäft zu einem verlustreichen machen!

Für die zweihundertfünfzig Kilometer von Lambarene bis nach Kap Lopez soll das Floß normalerweise etwa vierzehn Tage brauchen. Die anfangs rasche Fahrt verlangsamt sich gegen Ende. Achtzig Kilometer oberhalb der Mündung beginnen nämlich Ebbe und Flut des Ozeans sich im Flusse bemerkbar zu machen.

Jetzt wird das dem Floße angehängte Kanoe mit Wasser gefüllt, weil weiter abwärts das Wasser des Flusses nicht mehr trinkbar ist und es keine Quellen gibt. Man kommt nur noch mit der Ebbe vorwärts. Sowie die Flut einsetzt, wird das Floß mit einer mächtigen, armdicken Liane am Ufer festgebunden, damit es nicht stromaufwärts zurücktreibt.

Nun gilt es, das Floß in einen schmalen, gewundenen, etwa dreißig Kilometer langen Flußarm zu leiten, der gerade auf dem südlichen Rand der Bucht von Kap Lopez mündet.

Kommt es durch einen andern, mehr in der Mitte der Bucht mündenden Arm ins Meer, so ist es verloren. Die starke Strömung – der gestaute Fluß drängt der Ebbe nach – trägt es mit einer Schnelligkeit von acht Kilometern in der Stunde auf die hohe See hinaus. Fährt es aber durch den südlichsten Arm aus, so kommt es in einen Streifen flachen Wassers, das sich dem Strande entlang fortsetzt, und kann nun mit langen Stangen regiert und dem Strande entlang bis nach Kap Lopez gebracht werden. Sowie es auch nur einige Meter weit vom Strande abkommt und die Stangen den Boden verlieren, ist es nicht mehr zu regieren und treibt ins Meer hinaus. Auf diesen fünfzehn Kilometern entspinnen sich furchtbare Kämpfe zwischen der Mannschaft und den Elementen. Macht sich ein Wind vom Lande gegen das Meer zu auf, so ist oft nichts zu machen. Wird die Not des Floßes von Kap Lopez aus bemerkt, so versucht man, ihm in einem Boot einen Anker mit einer Kette zu senden, und vermag es so zu retten, wenn der Wellengang nicht so stark ist, daß er die Baumstämme auseinanderreißt. Im letzteren Falle bleibt der Mannschaft, wenn sie nicht selber zugrunde gehen will, nichts anderes übrig, als das Floß rechtzeitig im angehängten Kanoe zu verlassen. Ist einmal der Ausgang der Bucht erreicht, so kommt kein Kanoe gegen die Ebbe und die sich im Meere fortsetzende Strömung des Flusses nach Kap Lopez zurück. Die flachen, kiellosen Fahrzeuge, wie sie im Flusse gebraucht werden, können sich überhaupt nicht gegen die Wellen behaupten.

So gehen zuweilen Flöße verloren. Auch Mannschaften sind schon im Meer verschwunden. Einer meiner weißen Patienten befand sich einmal auf einem solchen Unglücksfloß. Sie trieben in der Nacht durch die Schuld einer unerwartet einsetzenden Brise ins Meer hinaus. An eine Rettung im Kanoe war des Wellenganges wegen nicht zu denken. Schon fingen die Wogen des Ozeans an, das Floß in Stücke zu zerreißen, da kam eine Dampfbarkasse zur Rettung herbei. Jemand am Strande hatte die Laterne, die die verzweifelnden Menschen beim Vorbeitreiben hin und her schwenkten, bemerkt und dem bewegten Licht das zufällig unter Dampf stehende Boot nachgesandt.

Glücklich in Kap Lopez angelangt, wird das Floß zerlegt, und die Baumstämme kommen in den „Park". An den geschützten Stellen der Bucht werden zwei Reihen von Baumstämmen untereinander zu einer Art doppelter Kette verbunden. Dies geschieht so, daß in das Holz eiserne Keile, die in Ringen endigen, eingeschlagen und durch die Ringe starke Drahtseile gezogen werden. Diese Doppelkette aus Holz schließt das Wasser gegen das Meer ab. Innerhalb dieser Sperre liegen nun so viel Stämme, als Platz haben, nebeneinander. Zudem sind auch sie noch untereinander durch Drahtseile, die durch eingeschlagene eiserne Ringe laufen, befestigt. Alle paar Stunden kontrolliert ein Wächter, ob an der Sperre noch alles in Ordnung ist, ob die eingeschlagenen Ringe noch festsitzen und ob die Drahtseile durch das fortgesetzte Reiben in den Ringen und das stetige Abgeknicktwerden nicht mürbe geworden sind. Oft nützt alle Vorsicht nichts. Es kommt vor, daß ein Drahtseil der Sperre unbemerkt in der Nacht reißt und die Hölzer des Parkes auf Nimmerwiedersehen die Spazierfahrt auf das Meer angetreten haben, wenn der Besitzer morgens herzueilt. Einer englischen Firma ging vor einigen Monaten auf diese Weise in einer Nacht Holz für an die vierzigtausend Franken verloren. Kommt gar der Tornado, so gibt es kein Halten. Wie übermütige Delphine springen die mächtigen Stämme in dem Park herum und setzen in elegantem Sprung über die Sperre hinweg.

Jeder Tag, den das Holz in der Bucht von Kap Lopez liegt, kann ihm also gefährlich werden. Mit Sehnsucht wird das Schiff, auf das die Stämme verladen werden sollen, erwartet. Kaum ist es da, so schleppen ihm die Dampfbarkassen Floß um Floß an seine dem Lande zugekehrte Seite. Die zum Verladen bestimmten Flöße sind so hergestellt, daß Drahtseile durch in beide Enden der Stämme eingeschlagene Ringe laufen. Einige Neger tanzen auf dem schwankenden Floß herum und schlagen jedesmal die Ringe aus dem Stamme, der verladen werden soll, heraus, so daß er aus dem Floß frei wird. Dann legen sie ihm die Kette um, in der er an Bord gehißt werden soll. Dies erfordert eine ungeheure Geschicklichkeit. Gleiten die Arbeiter auf den durch die Nässe glatten, sich im Wasser drehenden Stämmen aus, so werden ihnen die Beine zwischen den zwei bis drei Tonnen schweren, fortwährend gegeneinanderschlagenden Blöcken zermalmt.

Von der Veranda aus schaue ich durch das Fernrohr einigen Negern bei dieser durch die schöne Brise äußerst erschwerten Arbeit zu. Kommt der Tornado oder auch nur ein steifer Wind, so sind die Flöße, die längs der Schiffe liegen, ernstlich gefährdet.

Die Verluste von dem Platze an, wo die Bäume gefällt werden, bis zur erfolgten Verladung nach Europa sind also bedeutend. Viele der gehauenen Stämme gehen auf die eine oder andere Weise zugrunde. Die Lagunen in der Nähe der Mündungen des Ogowe sind wahre Holzkirchhöfe. Zahlreich ragen aus ihrem Schlamm riesenhafte Baumstämme hervor, die das Meer hier bestattet hat. Es sind hauptsächlich Baumstämme, die nicht rechtzeitig aus dem Wald ins Wasser gebracht werden konnten und am Platze, wo sie geschlagen worden waren, verdarben, bis einmal großes Hochwasser kam und sie in den Fluß hinaustrug. In der Bucht trieben sie dann der Wind und die Flut in die Lagune hinein, aus der sie nicht mehr herauskamen. Mit dem Fernrohre zähle ich eben an die vierzig Stämme, die in der Bucht umherirren. Ebbe und Flut werden mit ihnen spielen, bis sie ihr Grab im Ozean oder in der Lagune gefunden haben. Aber der Holzreichtum des Urwaldes von Gabun ist so groß, daß diese Verluste keine Rolle spielen.

Ist das Floß glücklich abgeliefert, so beeilt sich die Mannschaft, die es hergebracht hat, sei es in ihrem Kanoe, sei es auf einem Dampfer, wieder den Fluß hinaufzukommen ... um nicht in Kap Lopez Hunger zu leiden. Alle frischen Lebensmittel des Hafenortes müssen nämlich aus dem Innern mehr als hundert Kilometer weit den Fluß heruntergeschafft werden, da im Küstensande und in den Sümpfen des Mündungsgebietes nichts Eßbares gedeiht.

Sind die zurückgekehrten Flößer vom Käufer des Holzes entlohnt, so werden Tabak, Schnaps und Waren aller Art in einer Faktorei in Menge eingekauft. Als nach Negerbegriff reiche Leute kehren sie in ihr Dorf heim. Nach einigen Wochen, wenn nicht schon früher, ist ihnen das ganze Gut unter den Händen zerronnen. Von neuem suchen sie einen günstigen Holzplatz, von neuem beginnt die schwere Arbeit.

Der Holzexport von Kap Lopez steigt fortgesetzt. Augenblicklich beträgt er an die hundertundfünfzigtausend Tonnen im Jahre. Zur Versendung kommen hauptsächlich Mahagoni, das von den Eingeborenen Ombega genannt wird, und Okoume (Aucoumea Kleineana), das sogenannte falsche Mahagoni.

Das Okoumeholz ist weicher als Mahagoni und dient besonders zur Herstellung von Zigarrenkisten. Auch in der Möbelindustrie findet es Verwendung. Es hat eine große Zukunft. Manche Arten des falschen Mahagoni sind fast schöner als das echte Mahagoni.

Liegt das Holz längere Zeit im Meere, so wird es von dem Schiffsbohrwurm (Teredo navalis) angebohrt. Der Schiffsbohrwurm ist eine wurmartig gestaltete kleine Muschel, die in geradem Wege von außen nach dem Mittelpunkt des Stammes vordringt. Muß das Holz längere Zeit auf Schiffe warten, so wird es deshalb ans Land gerollt. Gewöhnlich wird dann auch der Splint mit Äxten abgehauen, so daß der Stamm zu einem vierkantigen Block wird.

Außer dem Mahagoni und dem Okoume gibt es noch viele wertvolle Holzarten am Ogowe. Ich nenne das Ekewasengo (Rosenholz) und das Korallenholz, die beide eine wundervolle rote Farbe haben, und das „Eisenholz", das so hart ist, daß in der Sägerei von N'Gômô Zahnräder, die daraus gemacht sind, verwendet werden. Es wächst hier auch ein Holz, das gehobelt wie weißer, moirierter Satin aussieht.

Die schönsten Hölzer kommen nicht zur Ausfuhr, weil sie auf dem europäischen Markte noch nicht bekannt sind und daher nicht begehrt werden. Werden sie einmal bekannt und begehrt sein, so wird der Holzhandel im Ogowe noch viel bedeutender werden als heute. Als einer der besten Kenner der Hölzer des Ogowe gilt Herr Missionar Haug in N'Gômô. Er besitzt eine wertvolle Sammlung aller Arten.

Am Anfang verstand ich nicht, wie alle Menschen hier, auch die, die mit dem Holzhandel nichts zu tun haben, sich für die Qualitäten der verschiedenen Hölzer so interessieren könnten. Mit der Zeit aber bin ich durch den fortwährenden Verkehr mit Holzhändlern, wie meine Frau sagt, ein Holznarr geworden.

VII. SOZIALE PROBLEME IM URWALD

Auf dem Strom, 30. Juli bis 9. August 1914

Ich bin wieder arbeitsfähig. Der Führer eines kleinen, einer Handelsgesellschaft von N'Djôle gehörenden Flußdampfers hat die Freundlichkeit, uns nach Lambarene mitzunehmen. Wir kommen nur langsam vorwärts, da wir eine schwere Ladung haben. Sie besteht aus Petroleum. Dieses kommt in je achtzehn Liter haltenden viereckigen Kannen von Amerika direkt an den Ogowe. Die Eingeborenen fangen an, viel Petroleum zu brennen.

Ich benütze die lange Fahrt, um mir selber einmal die sozialen Probleme, die ich zu meinem Erstaunen im Urwalde angetroffen habe, zu vergegenwärtigen. Wir reden in Europa so viel von Kolonisation und kolonialer Kulturarbeit, ohne uns über den Inhalt dieser Worte klar zu sein.

Aber gibt es wirklich soziale Probleme im Urwald? Ja. Man braucht nur zehn Minuten lang die Unterhaltung zweier Weißer hier anzuhören, und schon ist sicher das schwerste dieser Probleme, das Arbeiterproblem, berührt. In Europa stellt man sich gerne vor, daß unter den Wilden für sehr mäßigen Lohn sich so viele Arbeiter anbieten, als gewünscht werden. Das Gegenteil ist der Fall. Arbeiter sind nirgends schwerer zu finden als unter den primitiven Völkern, und werden im Verhältnis zur Arbeitsleistung nirgends so teuer bezahlt wie hier.

Dies kommt von der Faulheit der Neger, sagt man. Aber ist der Neger wirklich so faul? Liegt das Problem nicht tiefer?

Wer einmal die Leute eines Negerdorfes gesehen hat, wenn sie ein Stück Urwald ausroden, um eine neue Pflanzung anzulegen, der weiß, daß sie imstande sind, wochenlang mit Eifer und unter Anspannung aller Kräfte zu arbeiten. Zu dieser härtesten aller Arbeiten – um dies nebenbei zu sagen – ist jedes Dorf alle drei Jahre genötigt. Die hohen Stauden, an denen die Bananen wachsen, verbrauchen den Boden außerordentlich schnell. Darum muß alle drei Jahre eine neue, durch die Asche des abgehauenen und verbrannten Urwaldes gedüngte Pflanzung angelegt werden.

Was mich angeht, so wage ich nicht mehr, unbefangen von der Faulheit der Neger zu reden, seitdem mir fünfzehn Schwarze in fast ununterbrochenem, sechsunddreißigstündigem Rudern einen schwerkranken Weißen den Strom heraufbrachten.

Der Neger arbeitet unter Umständen also sehr gut ... aber er arbeitet nur so viel, als die Umstände von ihm verlangen. Das Naturkind, und dies ist des Rätsels Lösung, ist immer nur Gelegenheitsarbeiter.

Bei geringer Arbeit liefert die Natur dem Eingeborenen so ziemlich alles, was er zu seinem Unterhalt im Dorfe braucht. Der Wald bietet ihm Holz, Bambus, Raphia und Bast zum Herstellen einer Hütte, die ihn gegen Sonne und Regen schützt. Er braucht nur noch etwas Bananen und Maniok zu pflanzen, zu fischen und auf die Jagd zu gehen, so hat er das Notwendige beisammen, ohne sich als Arbeiter verdingen und regelmäßig verdienen zu müssen. Tritt er eine Stelle an, so ist es, weil er zu einem bestimmten Zweck Geld braucht. Er will eine Frau kaufen; sein Weib oder seine Weiber haben Lust auf schöne Stoffe, auf Zucker, auf Tabak; er selber braucht eine neue Axt, möchte gern Schnaps trinken, einen Khakianzug und Schuhe tragen.

Es sind also mehr oder weniger Bedürfnisse, die außerhalb des eigentlichen Kampfes ums Dasein liegen, die das Naturkind dazu bringen, sich zur Arbeit zu verdingen. Liegt ein bestimmter Zweck zum Gelderwerb nicht vor, so bleibt es in seinem Dorfe. Steht es irgendwo in Arbeit und hat es so viel verdient, daß es sich leisten kann, wonach ihm das Herz stand, so hat es keine Ursache, sich weiter zu mühen, und kehrt in sein Dorf zurück, wo es immer Wohnung und Nahrung findet.

Der Neger ist nicht faul, sondern er ist ein Freier. Darum ist er immer nur ein Gelegenheitsarbeiter, mit dem kein geordneter Betrieb möglich ist. Dies erlebt der Missionar auf der Station und in seinem Hause im kleinen und der Pflanzer oder der Kaufmann im großen. Wenn mein Koch Geld genug beisammen hat, um die Wünsche seiner Frau und seiner Schwiegermutter zu befriedigen, geht er davon, ohne Rücksicht darauf, ob wir ihn notwendig brauchen. Der Plantagenbesitzer wird von seinen Arbeitern gerade in der kritischen Zeit verlassen, wo es gilt, die dem Kakao schädlichen Insekten zu bekämpfen. Wenn gerade aus Europa Depesche auf Depesche um Holz kommt, findet der Holzhändler keine Leute zum Holzhauen, weil das Dorf sich zur Zeit auf den Fischfang begibt oder eine neue Pflanzung anlegt. Alle werden wir von Ingrimm gegen die faulen Schwarzen erfüllt. In Wirklichkeit liegt aber nur vor, daß wir sie nicht in der Hand haben, weil sie nicht auf den Verdienst bei uns angewiesen sind.

Es besteht also ein furchtbarer Konflikt zwischen den Bedürfnissen des Handels und der Tatsache, daß das Naturkind ein Freier ist. Der Reichtum des Landes kann nicht ausgebeutet werden, weil der Neger nur ein geringes Interesse daran hat. Wie ihn zur Arbeit erziehen? Wie ihn zur Arbeit zwingen?

„Schaffen wir ihm möglichst viel Bedürfnisse, so wird er möglichst viel arbeiten", sagen der Staat und der Handel miteinander. Der Staat gibt ihm unfreiwillige Bedürfnisse in Gestalt von Steuern. Hier zahlt jeder Erwachsene über vierzehn Jahre eine Kopfsteuer von fünf Franken, und man redet davon, dieselbe auf das Doppelte zu erhöhen. Ein Mann, der zwei Frauen und sieben über vierzehn Jahre alte Kinder hat, wird dann hundert Franken im Jahr zusammenbringen und dafür dem Handel entsprechend viel Arbeit leisten oder Produkte liefern müssen. Der Kaufmann schafft dem Neger Bedürfnisse, indem er ihm Waren anbietet: nützliche wie Stoffe, Werkzeuge, unnötige wie Tabak und Toilettenartikel, schädliche wie Alkohol. Die nützlichen Dinge würden niemals hinreichen, eine nennenswerte Arbeitsleistung zu erzielen. Der Tand und der Schnaps tun fast mehr dazu. Man schaue sich an, was im Urwald zum Verkauf angeboten wird. Unlängst ließ ich mir von einem Neger, der an einem weltverlorenen kleinen See einen kleinen Laden für einen Weißen hält, die Waren zeigen. Hinter dem Ladentisch thronte das schön weiß angestrichene Schnapsfaß. Daneben standen die Kisten mit Tabakblättern und die Kannen mit Petroleum. Weiter waren vorhanden: Messer, Beile, Sägen, Nägel, Schrauben, Nähmaschinen, Bügeleisen, Schnur zum Flechten von Fischnetzen, Teller, Gläser, Emailschüsseln aller Größen, Lampen, Reis, Konservenbüchsen aller Art, Salz, Zucker, Decken, Kleiderstoffe, Stoffe für Moskitonetze ... Gilletsche Sicherheits-Rasierapparate, Kragen und Krawatten in reicher Auswahl, Damenhemden mit Spitzen, Unterröcke mit Spitzen, Korsetts, elegante Schuhe, durchbrochene Strümpfe, Grammophone, Ziehharmonikas und Phantasiewaren aller Art. Unter den letzteren war ein Teller, der auf einem Untersatz stand, in mehreren Dutzenden vorhanden. „Was ist das?" fragte ich. Der Neger verschob einen Hebel am Untersatz, und alsbald ließ sich eine kleine Spieldose hören! „Mit diesem Gegenstand mache ich die besten Geschäfte", sagte er mir. „Alle Frauen in der Umgegend wollen einen solchen Teller haben und plagen ihren Mann, bis er das Geld dazu verdient hat."

Gewiß können Steuern und gesteigerte Bedürfnisse die Neger mehr zum Arbeiten bringen, als sie es sonst täten, aber eine wirkliche Erziehung zur Arbeit findet dadurch nicht oder nur in geringem Maße statt. Der Neger wird geldgierig und genußsüchtig, aber nicht zuverlässig und gewissenhaft. Wo er in Dienst geht, denkt er nur daran, mit einem Mindestmaß von Arbeit möglichst viel Geld zu holen. Er leistet nur etwas, solange der Arbeitgeber dabei steht.

Letzthin hatte ich Tagelöhner, um eine neue Hütte beim Spital zu bauen. Kam ich am Abend, so war nichts geschafft. Als ich mich am dritten oder vierten Tag erzürnte, sagte mir einer der Schwarzen, der nicht einmal einer der Schlechtesten war: „Doktor, schrei nicht so mit uns. Du bist ja selber schuld daran. Bleib bei uns, dann schaffen wir. Aber wenn du im Spital bei den Kranken bist, sind wir allein und tun nichts." Jetzt komme ich zu dem System, daß ich mich an dem Tage, wo ich Tagelöhner habe, für zwei bis drei Stunden freimache. Während dieser Zeit stehe ich neben ihnen und mache sie schaffen, daß ihnen der Schweiß auf der braunen Haut steht. Dann ist doch wenigstens soviel geleistet.

Mit der Steigerung der Bedürfnisse ist etwas, aber nicht viel erreicht. Ständiger Arbeiter wird das Naturkind nur in dem Maße, als es aus einem Freien zu einem Unfreien wird. Dies kann von verschiedenen Seiten versucht werden. Zunächst kommt es darauf an, dem Neger für einige Zeit die Rückkehr ins Dorf abzuschneiden. Die Pflanzer und die Waldbesitzer dingen grundsätzlich keine Arbeiter aus der Umgegend, sondern werben von weither, aus fremden Stämmen junge Leute auf ein Jahr an und bringen sie zu Wasser hierher. Diese Verträge sind von der Regierung ausgearbeitet und, wie vieles in der hiesigen Kolonialverwaltung, zweckmäßig und human gedacht. Am Ende der Woche soll der Arbeiter immer nur die Hälfte des Lohnes ausgezahlt bekommen. Der Rest wird zurückgelegt und ihm ausgehändigt, wenn das Jahr herum ist und der Weiße ihn wieder heimbefördern muß. Damit soll vermieden werden, daß er das Verdiente so schnell verausgabt, als er es erwirbt, und dann mit leeren Händen in die Heimat zurückkommt. Die meisten dieser Männer verdingen sich, um das Geld zum Kaufe einer Frau zusammenzubekommen.

Und das Resultat? Die Leute müssen das Jahr aushalten, weil sie keine Möglichkeit haben, in ihr Dorf zurückzukehren. Aber wirklich brauchbare Arbeiter sind wenige von ihnen. Viele leiden an Heimweh. Andere können die ungewohnte Kost – sie müssen, da frische Lebensmittel fehlen, oft mit Reis genährt werden – nicht ertragen. Die meisten von ihnen ergeben sich dem Schnapsgenuß. Geschwüre und Krankheiten verbreiten sich leicht unter den in Hütten kasernierten, eng aufeinanderwohnenden Menschen. Trotz aller Vorsichtsmaßregeln vertun sie ihren Lohn, sowie der Kontrakt abgelaufen ist, und kommen gewöhnlich so arm nach Hause, als sie gegangen sind.

Der Neger taugt nur etwas, solange er in seinem Dorfe ist und an seiner Familie und seiner Sippe moralischen Halt hat. Aus seiner Umgebung herausgenommen, geht er leicht sittlich und auch körperlich zugrunde. Agglomerationen von familienlosen Negerarbeitern sind Stätten der Demoralisation. Aber der Handel und die Plantagen müssen solche Agglomerationen fordern, da sie ohne sie nicht bestehen können.

Das Tragische ist eben, daß die Interessen der Kultur und der Kolonisation sich nicht decken, sondern in vielem in Antagonismus zueinander stehen. Der Kultur wäre damit gedient, daß die Männer des Urwaldes in ihren Dörfern belassen und erzogen würden, hier Handwerke auszuüben, Pflanzungen anzulegen, etwas Kaffee und Kakao für sich wie zum Verkauf zu bauen, in Häusern aus Brettern oder Ziegeln statt in Hütten aus Bambus zu wohnen, und so ein gediegenes und ruhiges Leben zu führen. Aber die Kolonisation muß verlangen, daß möglichst viele Leute auf jede mögliche Weise zu der höchstmöglichen Nutzbarmachung der Schätze des Landes mobil gemacht werden. Höchstmögliche Produktion lautet ihre Parole, damit die in die Kolonie gesteckten Kapitalien rentieren und das Mutterland, was es braucht, aus der eigenen Kolonie beziehen kann. An diesen sich hier ungeahnt auftuenden Gegensätzen ist kein Mensch schuld. Sie sind in den Umständen gegeben. Und sie sind um so schwerer, je tiefer die Völker stehen und je dünner das Land bevölkert ist. Im Zululande zum Beispiel, wo Ackerbau und Viehzucht möglich sind, der Neger sich von selbst zum seßhaften Bauern und zum kleinen Gewerbetreibenden entwickelt und die Bevölkerung so dicht ist, daß der Handel der Europäer noch immer die nötigen Arbeitskräfte findet, sind die Probleme, die den Menschenbestand des Landes und die Schaffung der Eingeborenenkultur betreffen, lange nicht so schwer als in den Kolonien mit Urwald und primitiven Völkern. Hier aber kann der Fall eintreten, daß die wirtschaftliche Kolonisation auf Kosten der Kultur und des Bestandes an Menschen geht.

Wie sieht es mit der erzieherischen Wirkung des viel diskutierten Arbeitszwanges von seiten der Regierung aus? Was versteht man unter Arbeitszwang?

Jeder Eingeborene, der nicht ein dauerndes, eigenes Gewerbe ausübt, soll sich, auf Befehl des Staates, so und so viele Tage im Jahr in den Dienst eines Kaufmanns oder Pflanzers stellen müssen. Am Ogowe haben wir keinen Arbeitszwang. Das Prinzip der Kolonialverwaltung von Gabun ist, möglichst ohne solche Maßnahmen auszukommen. In Deutschafrika, wo der Arbeitszwang in humaner und zugleich zielbewußter Art gehandhabt wird, soll er nach den einen gute, nach den andern schlechte Resultate geben.

Ich halte den Arbeitszwang nicht für prinzipiell falsch, aber für praktisch undurchführbar. Ohne Arbeitszwang im kleinen kommt man in der Kolonie nicht aus. Wäre ich Beamter und ein Pflanzer meldete mir, daß seine Arbeiter ihm bei der Kakaoernte davongelaufen sind und daß die Männer der umliegenden Dörfer sich weigern, in diesem kritischen Momente auszuhelfen, so würde ich es für mein Recht und meine Pflicht halten, ihm die letzteren, solange er sie zur Rettung seiner Ernte braucht, natürlich gegen den landesüblichen Tagelohn, zur Verfügung zu stellen. Aber der allgemein durchgeführte Arbeitszwang kompliziert sich dadurch, daß die Männer, um diese Tage beim Weißen zu arbeiten, eventuell ihr Dorf und ihre Familie verlassen und sich viele Kilometer fortbegeben müssen. Wer ernährt sie auf der Reise? Was wird aus ihnen, wenn sie krank sind? Wer steht mir dafür, daß der Weiße sie nicht gerade einberuft, wenn ihr Dorf die Pflanzung bestellen muß oder es die gute Zeit zu den großen Fischzügen ist? Wird er sie nicht länger, als er darf, behalten unter dem Vorwande, daß sie nichts arbeiteten? Wird er sie gut behandeln? Die Gefahr ist da, daß der Arbeitszwang unter der Hand zu einer Art Sklaverei wird.

Mit dem Problem des Arbeitszwanges verwandt ist das der Bewirtschaftung der Kolonien in „Konzessionen". Was versteht man unter „Konzession"? Eine mit reichen Mitteln ausgestattete Gesellschaft erhält ein großes Gebiet auf eine Reihe von Jahrzehnten zur Bewirtschaftung zugesprochen. Kein anderer Kaufmann darf sich dort niederlassen. Da jede Konkurrenz ausgeschaltet ist, kommen die Eingeborenen in eine sehr starke Abhängigkeit von der Gesellschaft und ihren Angestellten. Wenn auch die Hoheitsrechte des Staates auf dem Papier gewahrt sind, so tritt doch die kaufmännische Gesellschaft praktisch in viele derselben mehr oder weniger ein, besonders wenn ihr noch die dem Staate geschuldeten Steuern in Gestalt von Landesprodukten oder Arbeit geleistet werden müssen, die sie dann dem Staate in Form von Geld zukommen läßt. Die Frage wurde seinerzeit viel besprochen, weil das System der großen „Konzessionen" im belgischen Kongo zu ernsten Mißständen geführt hat. Ich verkenne seine Gefahren nicht. Es kann, schlecht gehandhabt, dazu führen, daß der Eingeborene dem weißen Kaufmann und Pflanzer als ein rechtloses Ding angehört. Aber es hat auch seine guten Seiten. Der Oberlauf des Ogowe ist als Konzession an die „Gesellschaft des oberen Ogowe" vergeben. Mit Angestellten derselben, die längere Zeit bei mir zur Pflege weilten, habe ich die Frage nach allen Richtungen besprochen und dabei die Sache auch von der anderen Seite kennengelernt. Da die Gesellschaft nicht mit der Konkurrenz zu rechnen hat, kann sie, wie es die „Gesellschaft des oberen Ogowe" tut, den Schnaps aus ihrem Gebiete fernhalten und nur gediegene Waren, keinen Tand, in ihren Faktoreien ausbieten. Von einsichtigen Männern geleitet, vermag sie erzieherisch zu wirken. Und da ihr das Land auf lange Zeit allein gehört, hat sie ein Interesse daran, es rationell zu bewirtschaften, und kommt nicht so leicht in Versuchung, Raubbau zu treiben.

Im allgemeinen ist also das Prinzip des Arbeitszwanges in dem Sinne, daß der Staat den weißen Privatleuten die Eingeborenen zur Verfügung stellt, zu verwerfen. Er kommt noch genug in die Lage, den Schwarzen Arbeit für gemeinnützige Aufgaben aufzuerlegen. Er muß Ruderer und Träger für die reisenden Beamten ausheben, Frone für den Bau und die Unterhaltung von Wegen auferlegen und unter Umständen auch Requisitionen von Lebensmitteln vornehmen, um seine Truppen und sein Personal zu ernähren.

Zwei Dinge sind in Afrika furchtbar schwer: einen größeren Ort regelmäßig mit frischer Nahrung zu versehen und durch den Urwald führende Wege zu unterhalten. Beides wird noch in dem Maße schwieriger, als die Bevölkerung dünn gesät ist und die Distanzen groß sind. Ich rede aus Erfahrung. Welche Mühe habe ich, um die Lebensmittel für meine beiden Heilgehilfen und für diejenigen Kranken in meinem Spital zusammenzubringen, die zu weit von hier weg wohnen, um aus dem Heimatdorfe das Nötige regelmäßig zugeführt zu bekommen! Es gibt Zeiten, wo ich zu Zwangsmaßregeln meine Zuflucht nehmen und verordnen muß, daß jeder, der zur Behandlung herkommt, mir zuerst so und so viel Bananen oder Maniokstangen abliefere. Dies führt zu endlosen Diskussionen mit den Patienten, die behaupten, es nicht gewußt zu haben, oder selber nicht genügend Nahrungsmittel zu besitzen. Die Schwerkranken oder die von weit Hergekommenen behandle ich natürlich, auch wenn sie den bescheidenen Tribut nicht abgeliefert haben. Mag ich aber noch so streng auf die Lieferung dringen, so kommt es mir dennoch vor, daß ich Kranke entlassen muß, weil ich sie nicht mehr ernähren kann. In ähnlicher Lage befindet sich der Leiter der Missionsstation, der Nahrung für die hundert oder hundertfünfzig Kinder der Missionsschule beschaffen muß. Es kommt vor, daß die Schule geschlossen und die Kinder nach der Heimat entlassen werden müssen, weil wir sie nicht erhalten können.

Für die Frone und Requisitionen kommen naturgemäß am meisten die Dörfer in Betracht, die den Ansiedelungen der Weißen am nächsten liegen. Mag die Regierung auch noch so schonend und gerecht vorgehen, so empfinden diese Eingeborenen es als Last und haben das Bestreben, nach entfernteren Gegenden, in denen man seine Ruhe hat, auszuwandern. So bildet sich in den Gegenden mit Naturvölkern und geringer Bevölkerungsdichte leicht nach und nach eine Leere um die Niederlassung der Weißen. Daraufhin muß der Zwang nun noch in einer anderen Form in Kraft treten. Es wird den Eingeborenen verboten, ihre Dörfer zu verlegen, und ferne Dörfer erhalten den Befehl, sich in der Nähe der weißen Niederlassung oder an einem bestimmten Punkte des Karawanenweges oder des Flusses anzusiedeln. ... Es muß so sein, aber es ist tragisch, daß es so sein muß. Und in allem haben die Regierenden darauf zu sehen, daß nur das unumgänglich Nötige von Zwang angewandt wird.

In Kamerun ist der Urwald durch ein ausgezeichnet unterhaltenes Wegenetz durchzogen, das dem Handel sehr zugute kommt und die Bewunderung aller fremden Kolonisten bildet. Geht diese große Arbeit aber nicht auf Kosten der Bevölkerung und ihrer vitalen Interessen? Daß man dort schon so weit ist, Weiber zur Fronarbeit für die Unterhaltung der Wege heranzuziehen, gibt mir zu denken. Es darf nicht sein, wie es in vielen Fällen vorkommt, daß die Kolonie prosperiert und die Eingeborenenbevölkerung von Jahr zu Jahr abnimmt. Dann lebt man in der Gegenwart auf Kosten der Zukunft, und das fatale Endresultat ist nur eine Frage der Zeit. Die Erhaltung der Eingeborenenbevölkerung muß das erste Ziel einer gesunden Kolonialpolitik sein.

Neben dem Arbeiterproblem gibt es noch das Problem der Emanzipation. An sich wäre es nach meiner Meinung unnötig, daß Eingeborene aus den primitiven Völkern eine weitgehende Schulbildung erhalten. Der Anfang der Kultur ist hier nicht das Wissen, sondern das Handwerk und der Landbau, durch die erst die wirtschaftlichen Bedingungen für die höhere Kultur geschaffen werden können. Aber die Regierung und der Handel brauchen auch Eingeborene mit ausgedehnten Kenntnissen, um sie in der Verwaltung und den Faktoreien zu verwenden. Also müssen die Schulen ihre Ziele viel höher stecken, als normal ist, und Leute heranbilden, die das kompliziertere Rechnen verstehen und tadellos in der Sprache der Weißen schreiben können. Bei der hervorragenden Intelligenz mancher Eingeborenen sind die Resultate, was die Kenntnisse angeht, hervorragend. Letzthin kam ein schwarzer Schreiber von der Regierung zu mir, während gerade ein Missionar bei mir war. Nach seinem Weggang sagten der Missionar und ich zueinander: „Mit dem möchten wir im Aufsatzschreiben nicht konkurrieren." Sein Vorgesetzter gibt ihm die schwersten Schriftstücke zu redigieren und komplizierte Statistiken auszuarbeiten und erhält immer tadellose Arbeiten abgeliefert.

Aber was wird aus diesen Menschen? Sie sind aus dem Dorfe entwurzelt, genau wie die andern, die in die Fremde in Arbeit gehen. Sie leben auf den Faktoreien, fortgesetzt der für Eingeborene so naheliegenden Gefahr des Betrügens und des Alkoholtrinkens ausgesetzt. Wohl verdienen sie viel. Aber da sie alle Lebensmittel um teures Geld kaufen müssen und zudem noch mit der gewöhnlichen Verschwendungssucht der Schwarzen behaftet sind, so befinden sie sich immer in Geldverlegenheit und oft in Not. Sie gehören nicht mehr zu den gewöhnlichen Negern und doch nicht zu den Weißen, sondern bilden ein Mittelding zwischen beiden. Letzthin sagte der eben erwähnte schwarze Schreiber der Regierung zu einer Missionarsfrau: „Ach, wir Intellektuellen unter den Eingeborenen sind doch übel dran. Die Frauen von hier sind zu ungebildet, um Lebensgefährtinnen für uns abzugeben. Man sollte für uns

Frauen aus den vornehmen Ständen von Madagaskar importieren." Die Deklassierung nach aufwärts ist das Unglück vieler von den besten der Eingeborenen.

Die Emanzipation durch Reichwerden spielt hier keine Rolle, wohl aber in anderen Kolonien. Sie ist noch gefährlicher als die durch Bildung.

Soziale Probleme werden auch durch die europäische Einfuhr geschaffen. Früher übten die Neger eine Reihe von Handwerken aus: sie schnitzten gediegene Hausgeräte aus Holz, sie verfertigten vorzügliche Schnüre aus Rindenfasern und was dergleichen mehr ist. Am Meer gewannen sie Salz. Diese und andere primitive Handwerke sind durch die Waren, die der europäische Handel in den Urwald einführt, vernichtet. Der billige Emailtopf hat den gediegenen, selbstverfertigten Holzeimer verdrängt. Um jedes Negerdorf herum liegen Haufen solchen verrosteten Geschirrs im Gras. Viele Fertigkeiten sind schon halb in Vergessenheit geraten. Nur die alten Negerfrauen verstehen noch Schnüre aus Rindenfasern und Nähzwirn aus den Fibern des Blattes der Ananasstaude zu bereiten. Selbst die Kunst, Kanoes zu verfertigen, kommt in Abgang. So geht das einheimische Handwerk zurück, wo doch das Aufkommen eines tüchtigen Handwerkerstandes der eigentliche Weg zur Kultur wäre.

Die soziale Gefahr, die die Einfuhr von Schnaps bedeutet, ermißt man erst, wenn man liest, wieviel Schnaps in manchen Hafenorten Afrikas im Jahre auf den Kopf der Bevölkerung kommt, und wenn man in den Dörfern gesehen hat, wie die kleinen Kinder sich mit den Alten betrinken. Hier am Ogowe sind Beamte, Kaufleute, Missionare und Häuptlinge darüber einig, daß die Schnapseinfuhr verboten werden sollte. Warum wird sie aber nicht verboten? Weil der Schnaps ein guter Zollartikel ist. Was er jährlich als Eingangszoll einbringt, ist eine der größten Einnahmen der Kolonie. Fiele sie weg, so wäre Defizit im Budget. Bekanntlich sind die Finanzen der afrikanischen Kolonien aller Staaten nichts weniger als glänzend. Der Zoll auf Schnaps hat zudem noch die gute Eigenschaft, daß man ihn jedes Jahr erhöhen kann, ohne daß darum ein Liter weniger getrunken wird. Die Sache steht also hier wie in anderen Kolonien so, daß die Verwaltung sagt: „Den Schnaps abschaffen? Sehr gerne. Lieber heute wie morgen. Nur gebt mir zuerst an, mit was ich den damit entstehenden Ausfall im Budget decken soll." In dieser Hinsicht aber können ihr auch die größten Alkoholgegner keinen brauchbaren Vorschlag machen. Wann wird ein Ausweg aus diesem sinnlosen Dilemma gefunden werden? Die einzige Hoffnung ist, daß einmal ein Gouverneur kommt, der die Zukunft der Kolonie über die Finanzsorgen der Gegenwart setzt, es wagt, einige Jahre mit Defizit zu wirtschaften und den Schnaps zu verbieten.*

Ich begehe keine Indiskretion, wenn ich angebe, daß der meiste Schnaps für Afrika ... durch den Handel Nordamerikas eingeführt wird.

Manchmal wird behauptet, daß der Alkoholismus unter den Eingeborenen auch ohne Schnapseinfuhr herrschen würde. Dies ist Gerede. An im Lande selber bereitetem Alkohol kommt für den Urwald nur der Palmwein in Betracht. Dieser aber ist keine große Gefahr. Palmwein ist der in Gärung kommende Saft des Palmbaums. Die Bäume anzubohren und die Gefäße herbeizutragen, kostet aber Arbeit, da die Sache fern vom Dorf im Walde vor sich gehen muß. Das Anbohren der Bäume ist nämlich gesetzlich verboten. Ferner hält sich der Palmwein nicht. Wohl kann er also dazu dienen, daß sich die Leute eines Dorfes mehrmals im Jahr bei großen Festen betrinken. Eine dauernde Gefahr, wie der in der Faktorei käufliche Schnaps bildet er aber nicht. Frischer Palmwein schmeckt wie gärender Traubenmost. An sich macht er nicht mehr trunken als dieser. Aber die Eingeborenen haben die Gewohnheit, gewisse Arten von Baumrinden in ihn einzulegen, wodurch er dann furchtbare Rauschzustände erzeugt.

* Im Jahre 1919 ist dieser Versuch von dem Gouverneur gemacht worden zur Freude der Kolonie.

Eine schwere soziale Frage bildet die Polygamie. Wir kommen hierher mit dem Ideal der Monogamie. Die Missionare kämpfen mit allen Mitteln gegen die Polygamie und verlangen mancherorts von der Regierung, daß sie sie durch Gesetze verbiete. Andererseits müssen wir uns alle hier eingestehen, daß sie auf das innigste mit den gegebenen wirtschaftlichen und sozialen Zuständen zusammenhängt. Wo die Menschen in Bambushütten hausen und die Gesellschaft noch nicht so organisiert ist, daß eine Frau ihr Leben durch selbständige Arbeit verdienen kann, ist für die unverheiratete Frau kein Platz. Voraussetzung aber für die Verheiratung aller Frauen ist die Polygamie.

Weiter: im Urwald gibt es keine Kühe und keine Milchziegen. Also muß die Mutter ihr Kind lange an der Brust nähren, wenn es nicht zugrunde gehen soll. Die Polygamie wahrt das Recht des Kindes. Nach der Geburt hat die Frau das Recht und die Pflicht, drei Jahre lang nur ihrem Kinde zu leben. Sie ist vorerst nicht mehr Gattin, sondern nur Mutter. Oft verbringt sie diese Zeit zum großen Teil bei ihren Eltern. Nach drei Jahren findet das Fest der Entwöhnung statt, und sie kehrt wieder als Gattin in die Hütte ihres Mannes zurück. Dieses Leben für das Kind ist aber nur denkbar, wenn der Mann unterdessen eine andere Frau oder andere Frauen hatte, um den Haushalt und die Pflanzungen zu versorgen.

Noch eins. Es gibt bei den Naturvölkern keine unversorgten Witwen und keine verlassenen Waisen. Der nächste Verwandte erbt die Frau des Verstorbenen und muß sie und ihre Kinder erhalten. Sie tritt in die Rechte seiner Frau ein, wenn sie auch nachher mit seiner Genehmigung einen anderen heiraten kann.

Bei primitiven Völkern an der Polygamie rütteln heißt also, den ganzen sozialen Aufbau ihrer Gesellschaft ins Wanken bringen. Dürfen wir dies, ohne zugleich imstande zu sein, eine neue, in die Verhältnisse passende soziale Ordnung zu schaffen? Wird nicht die Polygamie tatsächlich fortbestehen, nur daß die Nebenfrauen dann nicht mehr legitim, sondern

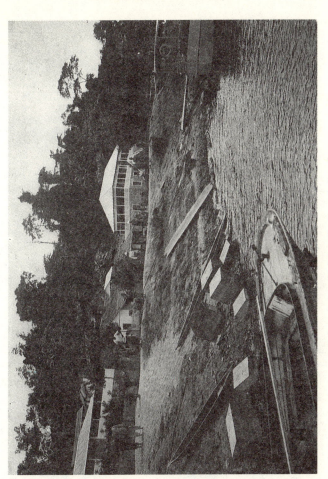

11. Faktorei einer Holzhändlerfirma in Lambarene

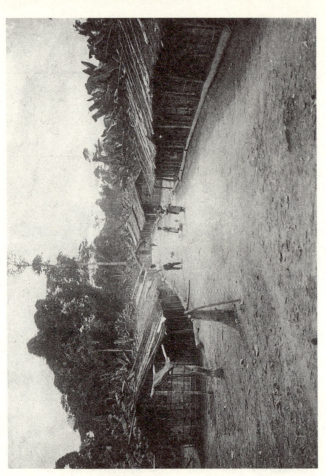

12. *Negerdorf bei Lambarene*

illegitim sind? Diese Fragen machen den Missionaren viel zu schaffen.

Je weiter die wirtschaftlichen Zustände gediehen sind, desto leichter ist der Kampf gegen die Polygamie. Sowie die Menschen in festen Häusern mit getrennten Zimmern wohnen, Viehzucht und Ackerbau treiben, verschwindet sie von selbst, da sie nicht mehr von den Verhältnissen gefordert ist und nicht mehr zu ihnen paßt. Im Volke Israel setzte sich mit den Fortschritten der Kultur die Monogamie gegen die Polygamie kampflos durch. Zur Zeit der Propheten bestanden beide noch nebeneinander; bei Jesus wird die Polygamie nicht mehr vorausgesetzt.

Sicherlich soll die Mission die Monogamie als Ideal und als Forderung des Christentums hinstellen. Aber verfehlt wäre es, wenn der Staat sie gesetzlich erzwingen wollte. Verfehlt ist es auch, soweit ich bis jetzt zu urteilen vermag, den Kampf gegen die Unsittlichkeit mit dem gegen die Polygamie zu identifizieren.

Das Verhältnis zwischen den Frauen ist gewöhnlich ein gutes. Eine Negerin ist nicht gern die einzige Gattin, weil ihr dann die Unterhaltung der Pflanzung, die Sache der Frau ist, allein zufällt. Die Unterhaltung der Pflanzungen ist sehr mühevoll, weil sie gewöhnlich weit vom Dorfe an irgendeiner versteckten Stelle angelegt werden.

Was ich von der Vielweiberei in meinem Spital gesehen habe, hat sie mir nicht von ihrer häßlichen Seite gezeigt. Einst kam ein kranker, schon älterer Häuptling mit zwei jungen Frauen. Als sein Befinden besorgniserregend wurde, erschien plötzlich eine dritte, die bedeutend älter war als die anderen. Es war die erste Gattin. Von jenem Tage an saß sie auf seinem Bett, hielt sein Haupt in ihrem Schoß und reichte ihm zu trinken. Die beiden jüngeren begegneten ihr mit Ehrerbietung, nahmen ihre Befehle entgegen und besorgten die Küche.

Es kann einem in diesem Lande vorkommen, daß ein vierzehnjähriger Knabe sich als „Familienvater" präsentiert. Dies geht so zu. Er hat von einem verstorbenen Verwandten eine Frau mit Kindern geerbt. Die Frau ist mit einem Mann eine neue Ehe eingegangen. Aber damit werden die Rechte des Knaben auf die Kinder und seine Pflichten gegen sie nicht berührt. Sind es Knaben, so muß er ihnen später eine Frau kaufen; sind es Mädchen, so müssen die, die sie heiraten wollen, ihm den Kaufpreis bezahlen.

Soll man gegen den Frauenkauf eifern oder ihn dulden? Handelt es sich darum, daß ein Mädchen, ohne befragt zu werden, dem Meistbietenden als Frau zugesprochen wird, so ist selbstverständlich zu protestieren. Liegt die Sache aber so, daß nach der Landessitte der Mann, der um ein Mädchen freit, der Familie, wenn es einwilligt, ihn zu heiraten, eine bestimmte Summe erlegen muß, so ist dagegen im Grunde ebensowenig einzuwenden, wie gegen die in Europa übliche Mitgift. Ob der Mann der Familie bei der Heirat Geld entrichtet oder Geld von ihr bekommt, ist im Prinzip dasselbe. Beide Male spielt sich ein in den sozialen Anschauungen begründetes Geldgeschäft neben der Ehe ab. Worauf zu dringen ist, ist bei uns wie bei den Naturvölkern, daß es nur ein Begleitumstand bleibe und die Wahl selber nicht so bestimme, daß in Afrika die Frau und in Europa der Mann gekauft werde. Wir haben also nicht den Frauenkauf an sich zu bekämpfen, sondern nur erzieherisch auf die Eingeborenen zu wirken, daß sie das Mädchen nicht an den Meistbietenden geben, sondern an den, der es glücklich machen kann und für den es Zuneigung empfindet.

Gewöhnlich sind die Negermädchen auch gar nicht so unselbständig, daß die sich an den ersten besten verkaufen lassen. Freilich spielt die Liebe hier nicht dieselbe Rolle bei der Eheschließung wie bei uns. Das Naturkind kennt keine Romantik. Gewöhnlich werden die Ehen im Familienrat beschlossen. Im allgemeinen sind sie glücklich.

Die meisten Mädchen heiraten mit fünfzehn Jahren. Fast alle Schülerinnen der Mädchenschule der Mission sind schon einem Manne bestimmt und heiraten, sowie sie aus der Schule entlassen werden.

Daß Mädchen auch vor ihrer Geburt versprochen werden können, erfuhr ich aus der Geschichte eines nicht zu billigenden

Frauenkaufs, der sich einmal bei Samkita zutrug und mir von einem Missionar erzählt wurde. Ein Mann war einem andern vierhundert Franken schuldig, dachte aber nicht daran, sie zurückzubezahlen, sondern kaufte eine Frau und machte Hochzeit. Als sie beim Festmahle saßen, kam der Gläubiger und überhäufte ihn mit Vorwürfen, daß er sich eine Frau gekauft hätte, statt mit dem Gelde erst seine Schulden zu bezahlen. Das Palaver begann. Zuletzt einigten sie sich dahin, daß der Schuldner dem Gläubiger die erste Tochter versprach, die aus seiner Ehe geboren würde, worauf dieser sich zu den Gästen setzte und mitfeierte. Nach sechzehn Jahren kam er und freite. So wurde die Schuld bezahlt.

Die Meinung, daß wir die vorgefundenen Rechte und Sitten veredeln und an dem Bestehenden ohne Not nichts ändern sollen, habe ich mir in Unterhaltungen mit den tüchtigsten und erfahrensten Weißen dieser Gegend gebildet.

Ein Wort zum Schluß über die Beziehungen von Weiß und Farbig. In welcher Art mit dem Farbigen verkehren? Soll ich ihn als gleich, soll ich ihn als unter mir stehend behandeln?

Ich soll ihm zeigen, daß ich die Menschenwürde in jedem Menschen achte. Diese Gesinnung soll er an mir spüren. Aber die Hauptsache ist, daß die Brüderlichkeit geistig vorhanden ist. Wieviel sich davon in den Formeln des täglichen Verkehrs auszudrücken hat, ist eine Frage der Zweckmäßigkeit. Der Neger ist ein Kind. Ohne Autorität ist bei einem Kinde nichts auszurichten. Also muß ich die Verkehrsformel so aufstellen, daß darin meine natürliche Autorität zum Ausdruck kommt. Den Negern gegenüber habe ich dafür das Wort geprägt: „Ich bin dein Bruder; aber dein älterer Bruder."

Freundlichkeit mit Autorität zu paaren, ist das große Geheimnis des richtigen Verkehrs mit den Eingeborenen. Einer der Missionare, Herr Robert, schied vor einigen Jahren aus dem Verbande der Mission aus, um unter den Negern ganz als Bruder zu leben. Er baute sich ein kleines Haus bei einem

Negerdorfe zwischen Lambarene und N'Gômô und wollte als zum Dorf gehörig betrachtet sein. Von jenem Tage an war sein Leben ein Martyrium. Mit der Aufgabe der Distanz zwischen Weiß und Farbig hatte er den Einfluß verloren. Sein Wort galt nicht mehr als „Wort des Weißen", sondern er mußte mit den Negern über alles lange diskutieren, als wäre er ihresgleichen.

Wenn mir Missionare und Kaufleute, ehe ich nach Afrika kam, davon sprachen, daß man hier sehr auf die äußerliche Aufrechterhaltung der Autoritätsstellung des Weißen bedacht sein müsse, kam mir dies kalt und unnatürlich vor, wie jedem, der in Europa davon hört und liest. Hier aber habe ich eingesehen, daß die größte Herzlichkeit sich mit dieser Wertlegung auf Formen verbinden könne, ja mit ihr erst möglich wird.

Ein lediger Missionar in N'Gômô – die Geschichte liegt einige Jahre zurück – duldete es, daß sein Koch ziemlich formlos mit ihm verkehrte. Einmal legte dort der Flußdampfer mit dem Gouverneur an Bord an. Der Missionar machte dem hohen Herrn seine Aufwartung auf Deck und stand elegant in Weiß gekleidet zwischen den Beamten und Offizieren, als ein Neger, die Mütze auf dem Kopf und die Pfeife im Mund, sich in die Gruppe hineindrängte und ihn fragte: „Du, was kochen wir heute zu Abend?" Der Koch wollte zeigen, wie gut er mit seinem Herrn stände.

Die Abwehr unzweckmäßiger Vertraulichkeit ist aber nur das Technische an der Lösung des Autoritätsproblems. Wirkliche Autorität hat der Weiße erst, wenn der Eingeborene ihn respektiert. Man bilde sich nicht ein, daß das Naturkind Achtung vor uns hat, weil wir mehr wissen oder können als er selber. Diese Überlegenheit ist ihm so selbstverständlich, daß sie weiter nicht in Betracht kommt. Es ist nicht so, daß der einzelne Weiße draußen den Negern schon deswegen imponiert, weil die Weißen Eisenbahnen und Dampfschiffe haben und sogar in der Luft herumfliegen und unter dem Wasser fahren können. „Die Weißen sind schlau, sie können alles", sagt Joseph. Was diese technischen Errungenschaften für eine geistige Leistung bedeuten, kann der Neger nicht ermessen.

Für eines aber hat er ein untrügliches Empfinden, ob nämlich der Weiße, mit dem er es zu tun hat, Persönlichkeit, sittliche Persönlichkeit ist. Fühlt er diese, so ist die geistige Autorität möglich, fühlt er sie nicht, so ist sie auf keine Weise zu schaffen. Das Naturkind, weil es nicht verbildet ist wie wir, kennt nur elementare Maßstäbe und mißt mit dem elementarsten von allen, dem moralischen. Wo es Güte, Gerechtigkeit und Wahrhaftigkeit, die innere Würde hinter der äußerlich gewahrten antrifft, beugt es sich und erkennt den Meister an; wo es sie nicht findet, bleibt es in aller äußeren Unterwürfigkeit trotzig; es sagt sich: „Dieser Weiße ist nicht mehr als ich, denn er ist nicht besser als ich."

Ich rede nicht davon, daß in die Kolonien aller Völker viele untaugliche und auch nicht wenige unwürdige Menschen hinausgehen, sondern komme auf die Tatsache zu sprechen, daß auch die sittlich Tüchtigen und die Idealisten Mühe haben, hier das zu sein, was sie sein wollen. Wir alle verbrauchen uns hier in dem furchtbaren Konflikte zwischen dem europäischen Arbeitsmenschen, der Verantwortungen trägt und nie Zeit hat, und dem Naturkinde, das Verantwortlichkeit nicht kennt und immer Zeit hat. Der Regierungsbeamte soll am Ende des Jahres mit den Eingeborenen so und so viel Leistung an Bau und Unterhaltung von Wegen, an Träger- und Ruderdiensten und an abgelieferten Steuern erzielt haben. Der Kaufmann und der Pflanzer müssen der Gesellschaft so und so viel Gewinn für das in den Unternehmen steckende Kapital herauswirtschaften. Dabei haben sie es immer und immer mit Menschen zu tun, die an der auf ihnen lastenden Verantwortung nicht teilnehmen, sondern nur gerade so viel leisten, als der andere aus ihnen herauszuholen vermag, und beim geringsten Nachlassen seiner Aufmerksamkeit nach ihrer Laune handeln, ohne Rücksicht auf den Schaden, der ihm erwachsen kann. In diesem täglichen, stündlichen Konflikt mit dem Naturkind läuft jeder Weiße Gefahr, nach und nach geistig zugrunde zu gehen.

An einem neuangekommenen Holzhändler hier hatten meine Frau und ich große Freude, weil er in den Gesprächen, die wir führten, immer für die Humanität den Eingeborenen gegenüber eintrat und nicht die geringste Mißhandlung seiner Arbeiter durch die Aufseher duldete. Im Frühjahr aber passierte ihm folgendes: Er hatte viel geschlagenes Mahagoniholz in einem Teich etwa hundert Kilometer von hier liegen und wurde durch eine Depesche seiner Firma nach Lambarene zur Erledigung dringender Korrespondenz gerufen, gerade als die Wasser zu steigen anfingen. Er bat Aufseher und Arbeiter, die paar Tage der hohen Flut recht zu benutzen, um womöglich alles Holz in den Fluß zu schaffen. Als die Wasser fielen und er zurückkehrte, war nichts getan. Man hatte geraucht, getrunken und getanzt. Das Holz, das bereits schon zu lange im Teich gelegen hatte, war größtenteils verloren, und er trug seiner Gesellschaft gegenüber die Verantwortung für den Schaden. Man war leichtsinnig gewesen, weil man ihn nicht genug gefürchtet hatte. Diese Erfahrung hat ihn ganz verändert. Jetzt spottet er über die, die meinen, man könne mit den Eingeborenen ohne unnachsichtige Härte etwas erreichen.

Letzthin waren mir Termiten in eine Kiste gekommen, die auf der Veranda meines Hauses stand. Ich leerte sie, zerschlug sie und gab die Stücke dem Neger, der mir dabei geholfen hatte. „Du siehst, die Termiten sind drin", sagte ich, „dieses Holz darfst du also nicht zum anderen Brennholz unten im Spital tragen, sonst kommen uns die Termiten ins Gebälk der Baracken. Geh bis an den Fluß und wirf es ins Wasser. Hast du verstanden?" „Ja, ja, du kannst ruhig sein." Es war Abend. Ich war zu müde, noch einmal den Hügel hinunterzugehen, und daher geneigt, mich ausnahmsweise auf einen Schwarzen – und dieser war sonst nicht unanstellig – zu verlassen. Um zehn Uhr nachts wurde ich aber so unruhig, daß ich die Laterne nahm und zum Spital hinunterstieg. Das von den Termiten bewohnte Holz lag unter dem Brennholz! Um nicht die zehn Meter bis an den Fluß gehen zu müssen, hatte der Neger meine Bauten in Gefahr gebracht! ...

Je größer die Verantwortungen, die auf einem Weißen lasten, desto größer die Gefahr, daß er den Eingeborenen gegenüber hart wird. Wir von der Mission sind zu leicht geneigt, den anderen Weißen gegenüber in Selbstgerechtigkeit zu verfallen. Weil wir am Ende des Jahres nicht die und die materiellen Resultate mit den Eingeborenen erreicht haben müssen, wie Beamte und Kaufleute, ist der Kampf, in dem der Mensch sich verbraucht, für uns weniger schwer als für sie. Ich wage nicht mehr zu richten, seitdem ich die Psyche des Weißen, der hier materiell etwas ausrichten muß, an solchen, die bei mir krank lagen, kennenlernte und mir ein Ahnen davon aufging, daß Männer, die jetzt lieblos über den Eingeborenen reden, einst als Idealisten nach Afrika kamen und in den alltäglichen Konflikten dann müde und mutlos wurden und das, was sie geistig besaßen, Stück um Stück verloren.

Daß es hier so schwer ist, sich die reine, humane Persönlichkeit und damit das Vermögen, Kulturträger zu sein, zu wahren, ist die große Tragik des Problems von Weiß und Farbig, wie es sich im Urwalde stellt.

VIII. WEIHNACHTEN 1914

Kriegsweihnachten im Urwald! Als die Lichtlein der kleinen Palme, die uns als Weihnachtsbaum diente, halb herabgebrannt waren, blies ich sie aus. „Was tust du?" fragte meine Frau. „Es sind unsere einzigen", sagte ich, „und sie müssen noch für nächstes Jahr halten." „Für nächstes Jahr?" ... Sie schüttelte den Kopf.

Am vierten August, zwei Tage nach unserer Rückkehr von Kap Lopez, hatte ich einige Medikamente für eine kranke Dame in Kap Lopez bereitet und sandte Joseph nach einer Faktorei, um zu fragen, ob ihr kleiner Dampfer bei seiner nächsten Fahrt das Paket mit hinunternehmen könnte. Er brachte mir einen Zettel des Weißen: „In Europa ist Mobilmachung und wahrscheinlich schon Krieg. Wir müssen unsern Dampfer der Behörde zur Verfügung stellen und wissen nicht, wann er nach Kap Lopez fährt."

Wir brauchten Tage, bis wir die Tatsache, daß in Europa Krieg sei, wirklich realisierten. Seit Anfang Juli hatten wir keine Nachrichten aus Europa und wußten nichts von den Verwicklungen, die das unselige Ereignis heraufführten.

Die Neger begriffen zuerst wenig von dem, was vorging. Die Katholischen unter ihnen interessierten sich im Herbst eigentlich mehr für die Papstwahl als für den Krieg. „Doktor", sagte mir Joseph bei einer Bootsfahrt, „wie wählen die Kardinäle eigentlich den Papst? Nehmen sie den Ältesten oder den Frömmsten oder den Klügsten?" „Je nach den Umständen, bald diesen, bald jenen", antwortete ich.

Anfangs empfanden die schwarzen Arbeiter den Krieg nicht als ein Unglück. Mehrere Wochen lang wurde wenig von ihnen verlangt. Die Weißen saßen immer zusammen und besprachen die Nachrichten und Gerüchte aus Europa. Jetzt aber erfahren die Farbigen, daß die Sache ihre Folgen auch für sie hat. Weil vorläufig aus Mangel an Schiffen kein Holz exportiert werden kann, werden die auf ein Jahr gedungenen fremden Arbeiter von den Faktoreien entlassen; und da auch keine Schiffe fahren, um sie zurückzutransportieren, tun sie sich zu Haufen zusammen und suchen zu Fuß die Küste von Loango, woher die meisten gekommen sind, zu erreichen.

Auch daß Tabak, Zucker, Reis, Petroleum und Schnaps auf einmal so teuer werden, bringt den Schwarzen zu Bewußtsein, daß Krieg herrscht. Dies ist es, was sie vorläufig an den Ereignissen am meisten beschäftigt. Letzthin, während wir miteinander Geschwüre verbanden, fing Joseph, wie schon öfters, wieder an, über den Krieg als die Ursache der Teuerung zu lamentieren. „Joseph", sagte ich zu ihm, „du mußt nicht so reden. Siehst du nicht, wie bekümmert die Gesichter der Missionare und das der Frau Doktor und des Doktors sind? Für uns ist der Krieg noch mehr als eine unangenehme Teuerung. Jeder von uns bangt für das Leben so und so viel lieber Menschen, und wir hören aus der Ferne das Stöhnen der Verwundeten und das

Röcheln der Sterbenden." Darauf schaute er mich erstaunt an. Seither merke ich, daß ihm damals etwas aufging, was ihm verborgen war.

Daß viele Eingeborene die Frage in sich bewegen, wie es möglich sei, daß die Weißen, die ihnen das Evangelium der Liebe bringen, sich jetzt gegenseitig morden und sich damit über die Gebote des Herrn Jesu hinwegsetzen, fühlen wir alle. Wenn sie uns die Frage stellen, sind wir hilflos. Wo ich von denkenden Negern daraufhin angeredet werde, versuche ich nichts zu erklären, nichts zu beschönigen, sondern sage, daß wir vor etwas Unbegreiflichem und Furchtbarem stehen. Wie viel die ethische und religiöse Autorität der Weißen bei den Naturkindern durch diesen Krieg leidet, wird man erst später ermessen können. Ich fürchte, daß der Schaden gewaltig sein wird.

In meinem Hause achte ich darauf, daß die Schwarzen möglichst wenig von den Greueln des Krieges erfahren. Was wir an illustrierten Blättern bekommen – die Post fängt wieder an, einigermaßen regelmäßig zu funktionieren – darf nicht herumliegen, damit die Boys, die lesen können, sich nicht in den Text und in die Bilder vertiefen und davon erzählen.

Die medizinische Arbeit geht wieder ihren gewohnten Gang. Jeden Tag, wenn ich morgens zum Spital hinuntergehe, kommt es mir als eine unbegreifliche Gnade vor, daß ich, wo jetzt so viele Menschen aus Pflicht Weh und Tod über andere Menschen bringen müssen, an Menschen Gutes tun und Menschenleben erhalten darf. Dieses Gefühl hebt mich über alle Müdigkeit hinaus.

Das letzte Schiff, das im Frieden von Europa abfuhr, brachte mir einige Kisten mit Medikamenten und zwei Kisten mit Verbandzeug. Die letzteren sind ein Geschenk einer Gönnerin meines Werks. So bin ich für Monate hinaus mit dem Nötigsten zum Betriebe des Spitals versehen. Die Waren für Afrika, die nicht mit diesem Schiff ankamen, liegen noch auf den Quais von Le Havre und Antwerpen. Wer weiß, wann sie ankommen und ob sie überhaupt ankommen.

Sorge macht mir die Beschaffung der Lebensmittel für die Kranken. Es herrscht hier fast Hungersnot ... der Elefanten wegen. In Europa bildet man sich gewöhnlich ein, daß die wilden Tiere, wo die „Kultur" hinkommt, auszusterben beginnen. Dies mag in manchen Gegenden der Fall sein, in anderen trifft fast das Gegenteil zu. Warum? Aus drei Gründen. Geht die Eingeborenenbevölkerung, wie es vielerorts der Fall ist, zurück, so wird weniger gejagt. Es wird aber auch weniger gut gejagt. Die Eingeborenen haben verlernt, den Tieren auf die primitive und oft doch so raffinierte Art ihrer Vorfahren nachzustellen. Sie sind daran gewöhnt, mit dem Gewehr zu jagen. Im Hinblick auf eventuelle Aufstände wird aber seit Jahren in ganz Äquatorialafrika von allen Staaten nur wenig Pulver an die Eingeborenen abgegeben. Zudem dürfen sie keine modernen Jagdgewehre, sondern nur alte Steinschloßflinten besitzen. Drittens aber wird der Kampf gegen die wilden Tiere auch darum weniger energisch betrieben, weil die Eingeborenen keine Zeit mehr dazu haben. Mit Holzfällen und Holzflößen verdienen sie mehr Geld als mit der Jagd. Also können die Elefanten ziemlich unangefochten gedeihen und sich vermehren.

Dies bekommen wir hier jetzt zu fühlen. Die Bananenpflanzungen der Dörfer nordwestlich von hier, von denen wir die Lebensmittel beziehen, werden fortgesetzt von Elefanten heimgesucht. Zwanzig Stück genügen, um eine große Pflanzung in einer Nacht zu verwüsten. Was sie nicht fressen, zertreten sie.

Nicht nur den Pflanzungen, sondern auch dem Telegraphen sind die Elefanten gefährlich. Die Linie, die von N'Djôle nach dem Innern führt, weiß etwas davon zu berichten. Schon die lange, gerade Lichtung im Urwald, die ihren Weg bezeichnet, ist so verlockend für die Tiere. Unwiderstehlich aber sind die geraden, glatten Stangen, die eigens für Dickhäuter, die sich daran reiben möchten, hingestellt scheinen. Zwar sind sie nicht immer solid. Drückt man fest dagegen, so liegen sie auf dem Boden. Dafür aber steht jedesmal eine andere gleiche in der

Nähe. So wirft ein starker Elefant in einer Nacht ein ganzes Stück Telegraphenlinie um, und es können Tage vergehen, bis die Mannschaften vom nächsten Überwachungsposten den Schaden gefunden und ausgebessert haben.

Obwohl mir die in der Umgegend sich herumtreibenden Elefanten so große Sorgen für die Verpflegung der Kranken machen, habe ich noch keinen gesehen und werde wohl auch keinen zu Gesicht bekommen. Tagsüber halten sie sich in unnahbaren Sümpfen auf, um dann in der Nacht die vorher ausgekundschafteten Pflanzungen zu plündern.

Ein Eingeborener, der mit seiner herzkranken Frau hier ist und gut in Holz schnitzt, hatte mir einen Elefanten geschnitzt. Beim Bewundern des primitiven Kunstwerks wagte ich zu bemerken, daß der Leib vielleicht nicht ganz richtig geraten sei. Der beleidigte Künstler zuckte die Achseln: „Du willst mich wohl lehren, wie ein Elefant aussieht? Ich bin schon unter einem Elefanten gelegen, der auf mir herumtrampeln wollte." Der Künstler war nämlich zugleich ein berühmter Elefantenjäger. Beim Jagen schleichen sich die Eingeborenen bis auf zehn Schritte an den Elefanten heran und feuern dann die Steinschloßflinte gegen ihn ab. Ist der Schuß nicht tödlich und werden sie vom Tier entdeckt, so kommen sie in eine unangenehme Lage.

Früher konnte ich meinen Kranken, wenn Bananen fehlten, mit Reis aushelfen. Heute darf ich es nicht mehr. Was mir an Reis bleibt, muß ich für uns selber aufheben. Ob wir noch welchen aus Europa erhalten werden, ist mehr als fraglich.

IX. WEIHNACHTEN 1915

Wieder ist's Weihnachten im Urwald und wieder Kriegsweihnachten! Die Lichtstümpflein, die wir vom letzten Jahr aufbewahrt haben, sind auf der diesjährigen Weihnachtspalme ausgebrannt.

Es war ein schweres Jahr. Zu der gewöhnlichen Arbeit kam in den ersten Monaten noch außergewöhnliche. Starke Gewitterregen hatten den Platz, auf dem die größte Baracke für die Kranken steht, unterspült. Ich mußte mich entschließen, ihn rings zu ummauern und durch das ganze Spital ausgepflasterte Abzugsgräben für das Wasser, das von dem darüberliegenden Hügel herabströmt, zu führen. Dies erforderte viele und große Steine. Zum Teil wurden sie im Boot geholt, zum Teil vom Hügel heruntergewälzt. Immer mußte ich dabei sein, immer mit anfassen. Dann ging es ans Mauern, wobei mir ein etwas vom Mauern verstehender Eingeborener half. Zum Glück fand sich auf der Station noch ein Faß halbverdorbenen Zements. Nach vier Monaten war die Arbeit fertig.

Ich dachte nun etwas ruhen zu können. Da entdeckte ich, daß trotz aller Vorsichtsmaßregeln die Termiten in die Kisten mit den Reserven der Medikamente und der Verbandstoffe eingedrungen waren. Nun hieß es die vielen Kisten aufmachen und umpacken. Dies nahm wieder die ganze freie Zeit von Wochen in Anspruch. Zum Glück hatte ich die Sache rechtzeitig gemerkt, sonst wäre der Schaden noch viel größer gewesen. Der eigentümlich feine, brenzliche Geruch, den die Termiten verbreiten, hatte mich aufmerksam gemacht. Äußerlich war an den Kisten nichts zu sehen. Die Invasion hatte durch ein feines Loch vom Boden aus stattgefunden. Aus der einen Kiste hatten sie sich dann in die, die darüber und daneben standen, hindurchgefressen. Angelockt hatte sie wahrscheinlich eine Flasche mit medizinischem Sirup, deren Korkpfropfen undicht geworden war.

Oh, der Kampf mit dem kriechenden Getier in Afrika! Wie viel Zeit verliert man mit den zu ergreifenden Vorsichtsmaßregeln! Und mit welch ohnmächtiger Wut muß man immer wieder konstatieren, daß man dennoch überlistet wird.

Meine Frau hat das Löten gelernt, um Mehl und Mais in Büchsen einlöten zu können. Aber es kommt vor, daß sogar in den verlöteten Büchsen die gefürchteten kleinen Rüsselkäfer

(Calandra granaria) zu Tausenden wimmeln. Den Mais für die Hühner machen sie in kurzer Zeit zu Staub.

Sehr gefürchtet sind hier gewisse kleine Skorpione und andere stechende Insekten. Man wird so vorsichtig, daß man nie mit der Hand blindlings in eine Schublade oder in eine Kiste greift, wie in Europa. Nur unter Aufsicht des Auges wagt sich der Finger voran.

Böse Feinde sind die berühmten Wanderameisen, die der Gattung Dorylus angehören. Von ihnen haben wir viel zu leiden. Auf ihren großen Wanderungen marschieren sie in Kolonnen zu fünf oder sechs nebeneinander, in musterhafter Ordnung. Ich habe einmal in der Nähe meines Hauses eine Kolonne beobachtet, deren Defilee sechsunddreißig Stunden dauerte! Geht der Marsch über freies Gelände oder kreuzt er einen Pfad, so bilden die Krieger mit den gewaltigen Kiefern in mehreren Reihen zu beiden Seiten Spalier und schützen den Zug, in dem die gewöhnlichen Wanderameisen die Brut einhertragen. Beim Spalierbilden drehen sie dem Zug den Rücken, wie die Kosaken, die den Zaren schützen. In dieser Stellung verharren sie stundenlang.

Gewöhnlich marschieren drei oder vier Kolonnen selbständig nebeneinander, fünf bis fünfzig Meter auseinander. In einem bestimmten Moment schwärmen sie aus. Wie das Kommando vermittelt wird, wissen wir nicht. Aber im Nu ist ein großer Platz von schwarzem Gewimmel bedeckt. Was sich an Getier darauf befindet, ist verloren. Auch die großen Spinnen auf den Bäumen können sich nicht retten, denn die furchtbaren Räuber kriechen ihnen in Scharen bis in das höchste Gezweig nach. Und springen sie verzweifelt vom Baum herunter, so fallen sie den Ameisen auf dem Boden zum Opfer. Das Schauspiel ist grausig. Der Militarismus im Urwald hält fast den Vergleich mit dem in Europa aus.

Unser Haus liegt an einer großen Heerstraße der Wanderameisen. Gewöhnlich schwärmen sie nachts aus. Ein Scharren und ein eigentümliches Glucksen der Hühner macht uns auf die Gefahr aufmerksam. Jetzt gilt es, keine Zeit zu verlieren.

Ich springe aus dem Bett, laufe zum Hühnerstall und schließe auf. Kaum öffne ich die Tür, so stürzen die Hühner heraus; eingeschlossen, würden sie die Beute der Ameisen. Diese kriechen den Tieren in Nase und Mund hinein und bringen sie zum Ersticken. Dann fressen sie sie auf, daß in kurzer Zeit nur die weißen Knochen bleiben. Gewöhnlich fallen die Küchlein den Räubern zum Opfer, die Hühner können sich wehren, bis Hilfe kommt.

Unterdessen hat meine Frau das Horn von der Wand genommen und dreimal geblasen. Dies ist das Zeichen, daß N'Kendju mit den rüstigen Männern aus dem Spital Eimer voll Wasser aus dem Fluß herauftragen soll. Oben wird das Wasser mit Lysol vermischt und die Erde um das Haus herum und unter dem Haus damit begossen. Über diesem Tun werden wir von den „Kriegern" tüchtig mißhandelt. Sie kriechen an uns hinauf und beißen sich in uns ein. Ich zählte einmal fast ein halbes Hundert an meinem Körper. Die Tiere beißen sich mit den Kiefern so fest ein, daß man sie nicht herausbringen kann. Zieht man an ihnen, so reißt der Leib ab und die Kiefer bleiben im Fleisch und müssen besonders gelöst werden. Das ganze Drama spielt sich im Dunkel der Nacht beim Schein der von meiner Frau gehaltenen Laterne ab.

Endlich ziehen die Ameisen weiter. Sie können den Geruch des Lysols nicht ertragen. Tausende von Leichnamen liegen in den Lachen.

Einmal wurden wir in einer Woche dreimal überfallen. Missionar Coillard, dessen Erinnerungen ich eben lese, hat am Zambesi ebenfalls viel von den Wanderameisen auszustehen gehabt.

Die Hauptwanderungen der Ameisen finden hier besonders zu Beginn und zu Ende der Regenzeit statt. In der Zwischenzeit hat man ihre Überfälle weniger zu erwarten. An Größe übertreffen sie unsere roten europäischen Ameisen nicht viel. Aber ihre Kiefer sind viel stärker entwickelt und ihr Gang ist viel rascher. Die merkwürdig schnelle Bewegung ist mir überhaupt an allen afrikanischen Ameisen aufgefallen.

Joseph hat mich verlassen. Da ich von meinen Geldmitteln in Straßburg abgeschnitten bin und Schulden machen muß, sah ich mich genötigt, sein Gehalt von siebzig Franken auf fünfunddreißig herabzusetzen. Ich erklärte ihm, daß ich mich zu dieser Maßnahme nur in der letzten Not entschlossen habe. Trotzdem kündigte er mir, und zwar „weil seine Würde ihm nicht erlaube, für so wenig Geld zu dienen". Nun wurde auch die Sparbüchse mit dem Geld für den Kauf einer Frau geleert. Sie enthielt an die zweihundert Franken. In wenigen Wochen hatte er die Summe vertrödelt. Er wohnt bei seinen Eltern auf dem gegenüberliegenden Ufer.

Nun muß ich mich mit N'Kendju allein behelfen. Er ist anstellig, außer an den Tagen, wo er schlecht gelaunt ist. An diesen läßt sich nichts mit ihm machen. Vieles, was Joseph tat, muß ich nun selber verrichten.

Große Dienste in der Behandlung der Eiterungen leistet mir das reine Methylenviolett, das unter dem Namen „Pyoktanin" von den Merckschen Farbwerken in den Handel gebracht wird. Das Verdienst, die entscheidenden Versuche über die desinfizierende Wirkung der konzentrierten Farbstoffe angestellt zu haben, gehört Professor Stilling, dem Straßburger Professor für Augenheilkunde. Er stellte mir von dem unter seiner Aufsicht bereiteten Pyoktanin zur Verfügung, damit ich es hier erprobe. Es kam nicht lange vor dem Kriege an. Ich ging mit Vorurteilen daran. Aber die Erfolge sind derart, daß ich die Unannehmlichkeit der blauen Farbe gern in Kauf nehme. Methylenviolett hat die Eigenschaft, daß es die Bakterien tötet, ohne das Gewebe anzugreifen oder zu reizen und ohne im geringsten giftig zu sein. Darin ist es dem Sublimat, der Karbolsäure und auch der Jodtinktur weit überlegen. Für den Urwaldarzt ist es unersetzlich. Nach dem, was ich bisher beobachtet habe, begünstigt das Pyoktanin auch die Überhäutung bei der Heilung der Geschwüre in einer auffälligen Weise.

Vor dem Kriege hatte ich angefangen, von den Kranken, die mir nicht ganz arm erschienen, etwas für die Medikamente zu verlangen. So kamen etwa zwei- bis dreihundert Franken im

Monat zusammen. War es auch nur ein Bruchteil der Summe, die die in dieser Zeit verausgabten Medikamente wirklich darstellten, so war es doch etwas. Jetzt ist kein Geld mehr im Lande. Ich muß an die Eingeborenen fast alles umsonst geben.

Von den Weißen sind manche, die durch den Krieg an der Heimkehr verhindert sind, nun bereits vier oder fünf Jahre auf dem Äquator. Manche sind am Ende ihrer Kräfte und müssen sich, wie man am Ogowe sagt, zum Doktor „in Reparatur" begeben. Solche Patienten liegen dann wochenlang bei uns. Manchmal kommen auch zwei und drei zusammen. Dann trete ich ihnen mein Schlafzimmer ab und schlafe auf der mit Drahtnetz gegen Moskitos vergitterten Veranda. Damit bringe ich eigentlich kein großes Opfer. Auf der Veranda ist mehr Luft als im Zimmer. Das meiste zur Wiederherstellung tun manchmal nicht meine Medikamente, sondern die gute, von der Frau Doktor bereitete Krankenkost. Ich habe mich schon dagegen wehren müssen, daß Kranke von Kap Lopez hier heraufführen, um die Krankenkost zu genießen, statt sich vom Arzt in Kap Lopez – wenn einer da war – pflegen zu lassen. Zum Glück habe ich noch einen guten Vorrat an Büchsen mit kondensierter Milch für die Kranken. Mit manchen meiner weißen Patienten habe ich mich herzlich befreundet. Aus den Gesprächen mit denjenigen unter ihnen, die schon lange hier ansässig sind, lerne ich, was das Land und die Kolonisationsfragen betrifft, immer wieder viel Neues.

Unsere Gesundheit ist nicht glänzend, ohne gerade schlecht zu sein. Die Tropenanämie ist freilich schon da. Sie zeigt sich in einer großen Ermüdbarkeit. Bin ich vom Spital den Hügel zu meiner Wohnung heraufgestiegen, so bin ich wirklich erschöpft; dabei beträgt der Weg nur vier Minuten. Auch die merkwürdige Nervosität, die die Tropenanämie begleitet, verspüren wir an uns. Dazu kommt, daß die Zähne in schlechtem Zustand sind. Meine Frau und ich legen uns gegenseitig provisorische Füllungen ein. Ihr kann ich einigermaßen helfen. Aber

13. Ufer des Ogowe

14. Missionarhaus zu Lambarene

mir kann niemand tun, was eigentlich getan werden müßte, denn es würde sich um die Entfernung zweier unrettbar kariöser Zähne handeln.

Urwald und Zahnweh! Welche Geschichten ließen sich davon erzählen. Ein Weißer, den ich kenne, konnte es vor einigen Jahren vor Zahnschmerzen nicht mehr aushalten. „Frau", sagte er, „hole im Werkzeugkasten die kleine Beißzange." Darauf legte er sich auf den Boden. Die Frau kniete auf ihm und faßte, so gut sie konnte, den Zahn mit der Zange. Nun legte der Mann seine Hände um die ihren und riß sich den Zahn, der zufällig brav genug war, sich diesem Manöver zu unterwerfen, heraus.

Die geistige Frische habe ich trotz aller Müdigkeit und aller Anämie merkwürdigerweise fast ganz bewahrt. War der Tag nicht gar zu anstrengend, so vermag ich nach dem Abendessen zwei Stunden an meiner Arbeit über Ethik und Kultur in der Geschichte des Denkens der Menschheit zu schaffen. Die notwendigen Bücher, soweit ich sie nicht mitgebracht habe, besorgt mir Professor Strohl von der Züricher Universität. Es ist ein merkwürdiges Arbeiten. Mein Tisch steht an der auf die Veranda hinausführenden Gittertür, damit ich möglichst viel von der leichten Abendbrise erhasche. Die Palmen rauschen leise zu der lauten Musik, die die Grillen und Unken aufführen. Aus dem Urwald tönen häßliche und unheimliche Schreie herüber. Caramba, der treue Hund auf der Veranda, knurrt leise, um mir seine Gegenwart bemerkbar zu machen. Zu meinen Füßen unter dem Tisch liegt eine kleine Zwergantilope. In dieser Einsamkeit versuche ich, Gedanken, die mich seit 1900 bewegen, zu gestalten und am Wiederaufbau der Kultur mitzuhelfen. Urwaldeinsamkeit, wie kann ich dir jemals danken für das, was du mir warst! ...

Die Stunde zwischen dem Mittagessen und der Wiederaufnahme der Arbeit im Spital ist der Musik gewidmet, der auch die Sonntagnachmittage gehören. Auch hier merke ich den Segen des weltfernen Arbeitens. Viele Bachsche Orgelstücke lerne ich einfacher und innerlicher auffassen als früher.

Geistige Arbeit muß man haben, um sich in Afrika aufrechtzuerhalten. Der Gebildete, so merkwürdig es klingen mag, erträgt das Leben im Urwald besser als der Ungebildete, weil er eine Erholung hat, die dieser nicht kennt. Beim Lesen eines ernsten Buches hört man auf, das Ding zu sein, das sich den ganzen Tag in dem Kampf gegen die Unzuverlässigkeit der Eingeborenen und die Zudringlichkeit des Getiers aufreibt, und wird wieder Mensch. Wehe dem, der hier nicht so immer wieder zu sich selbst kommt und neue Kräfte sammelt! Er geht an der furchtbaren Afrikaprosa zugrunde.

Letzthin besuchte mich ein weißer Holzhändler. Als ich ihn ans Kanoe zurückbegleitete, fragte ich ihn, ob ich ihm für die zweitägige Fahrt, die er vorhatte, nicht etwas Lektüre geben sollte. „Danke schön", sagte er, „ich bin versehen", und zeigte mir das Buch, das auf seinem Bootsliegestuhl lag. Es war Jakob Böhmes „Aurora". Das Werk des deutschen Schuhmachers und Mystikers aus dem beginnenden siebzehnten Jahrhundert begleitet ihn auf allen seinen Fahrten. Bekanntlich führten fast alle großen Afrikareisenden in ihrem Gepäck „schwere Lektüre" mit.

Zeitungen kann man hier fast nicht ertragen. Das nur auf den vorüberrauschenden Tag berechnete, gedruckte Gerede nimmt sich hier, wo die Zeit gewissermaßen stille steht, grotesk aus. Ob wir es wollen oder nicht: alle stehen wir hier unter dem Eindruck des täglich wiederkehrenden Erlebnisses, daß die Natur alles und der Mensch nichts ist. Damit kommt etwas in die Weltanschauung – auch in die des weniger Gebildeten – hinein, das gegen die Aufgeregtheit und Eitelkeit des europäischen Treibens empfindlich macht. Man erfaßt es als etwas Abnormes, daß an einer Stelle der Erde die Natur nichts mehr und der Mensch alles ist.

Nachrichten vom Krieg kommen jetzt ziemlich regelmäßig hierher. Von N'Djôle – wo die große Telegraphenlinie von Libreville nach dem Innern durchgeht – oder von Kap Lopez werden die Telegramme, ein Auszug aus den Tagesberichten, etwa alle vierzehn Tage hierher gebracht. Der Bezirkshauptmann schickt sie mit einem schwarzen Soldaten auf den Faktoreien und den beiden Missionsstationen herum. Man liest sie, während der Bringer daneben auf die Rückgabe wartet. Dann denkt man vierzehn Tage lang nur wieder an den Krieg im allgemeinen. Wie es denen zumute ist, die jeden Tag die Aufregung, Tagesberichte zu lesen, durchmachen müssen, können wir uns nicht vorstellen. Aber wir beneiden sie nicht.

In diesen Tagen wurde hier bekannt, daß von den Weißen, die vom Ogowe nach Europa gegangen waren, um ihrer Soldatenpflicht zu genügen, bereits zehn gefallen seien. Dies macht einen großen Eindruck auf die Eingeborenen. „Schon zehn Menschen sind in diesem Kriege gefallen!" sagte ein alter Pahouin. „Ja, warum kommen dann diese Stämme nicht zusammen, um das Palaver zu besprechen? Wie können sie denn diese Toten alle bezahlen?" Bei den Eingeborenen müssen nämlich die im Kriege Gefallenen, bei den Besiegten sowohl wie bei den Siegern, von der anderen Partei bezahlt werden.

Ist Post angekommen, so hält mich unser Koch Aloys an. „Doktor, ist immer noch Krieg?" „Ja, Aloys, es ist immer noch Krieg." Dann schüttelt er traurig den Kopf und sagt einige Male hintereinander „Oh lala, oh lala". Er gehört zu den Negern, die seelisch unter dem Gedanken des Krieges leiden.

Mit den europäischen Lebensmitteln gehen wir jetzt sehr sparsam um. Kartoffeln beginnen eine Seltenheit zu werden. Letzthin schickte mir ein Weißer durch seinen Boy einige Dutzend zu Geschenk. Ich schloß daraus, daß er sich krank fühle und demnächst meine Hilfe in Anspruch nehmen werde. So geschah es auch.

Seit dem Kriege haben wir uns an das Affenfleisch gewöhnt. Ein Missionar der Station hält sich einen schwarzen Jäger und schickt uns regelmäßig von der Jagdbeute. Der Jäger schießt gewöhnlich nur Affen, weil sie das am leichtesten zu erlegende Wild sind.

Affenfleisch schmeckt etwa wie Ziegenfleisch, nur ist es süßlicher. Man mag über die Deszendenztheorie denken wie man will: das Vorurteil gegen das Affenfleisch wird man so leicht nicht los. „Doktor", sagte mir letzthin ein Weißer, „Affenfleisch zu essen ist der Beginn der Anthropophagie."

Am Ende des Sommers konnten wir mit Herrn und Frau Missionar Morel aus Samkita einige Wochen in Kap Lopez verbringen. Eine Handelsgesellschaft, von der einige Angestellte in der Krankheit unsere Pflege und Gastfreundschaft genossen hatten, stellte uns in einer ihrer Faktoreien drei Zimmer zur Verfügung. Die Seeluft tat Wunder an uns.

X. VON DER MISSION

Lambarene, Juli 1916

Es ist die trockene Jahreszeit. Abends gehen wir auf den großen Sandbänken im Flußbett spazieren und genießen den frischen Lufthauch, der flußabwärts zieht. Im Spital geht es dieser Tage etwas ruhiger zu als gewöhnlich. Die Dörfer sind auf den großen Fischzügen. Wenn diese vorüber sind, wird man mir die Kranken bringen. Ich benütze die Mußestunden, um die Eindrücke, die ich von der Mission empfangen habe, aufzuzeichnen.

Seit über drei Jahren lebe ich auf einer Missionsstation. Was denke ich nach den gemachten Erfahrungen über Mission?

Was erfaßt der Urwaldmensch vom Christentum und wie erfaßt es ihn? In Europa wurde mir immer eingeworfen, daß das Christentum für die Primitiven zu hoch sei. Die Frage hatte mich früher selber unruhig gemacht. Nun darf ich aus der Erfahrung mit „Nein" antworten.

Zunächst bemerke ich, daß das Naturkind viel „denkender" ist, als man gewöhnlich annimmt. Wenn es auch nicht lesen und schreiben kann, so hat es doch über viel mehr Dinge Überlegungen angestellt, als wir meinen. Gespräche, die ich mit alten Eingeborenen in meinem Spital über die letzten Fragen des Lebens geführt habe, haben mich tief ergriffen. Der Unterschied zwischen Weiß und Farbig, Gebildet und Ungebildet verschwindet, wenn man mit dem Urwaldmenschen auf die Fragen zu reden kommt, die unser Verhältnis zu uns selbst, zu den Menschen, zur Welt und zum Ewigen betreffen. „Die Neger sind tiefer als wir, denn sie lesen keine Zeitungen", sagte mir letzthin ein Weißer. In dieser Paradoxie liegt etwas Wahres.

Es besteht also eine große natürliche Aufnahmefähigkeit für das Elementare der Religion. Das Historische an dem Christentum liegt dem Eingeborenen naturgemäß fern. Er lebt ja in einer geschichtslosen Weltanschauung. Die Zeit zwischen Jesus und uns kann er nicht ermessen. Auch die Glaubenssätze, in denen ausgesprochen ist, auf welche Weise die Erlösung nach dem göttlichen Weltplan vorbereitet und verwirklicht worden sein soll, sind ihm nicht leicht begreiflich zu machen. Dafür aber hat er ein elementares Bewußtsein von der Erlösung als solcher. Das Christentum ist für ihn das Licht, das in die Finsternis der Angst scheint. Es versichert ihm, daß er nicht der Gewalt von Naturgeistern, Ahnengeistern und Fetischen ausgeliefert ist und daß kein Mensch unheimliche Macht über den andern besitzt, sondern daß in allem Geschehen nur der Wille Gottes waltet.

> Ich lag in schweren Banden,
> Du kommst und machst mich los.

Dieses Wort aus Paul Gerhardts Adventslied spricht wie kein anderes aus, was das Christentum für den primitiven Menschen ist. Immer und immer wieder muß ich daran denken, wenn ich auf einer Missionsstation am Gottesdienst teilnehme.

Hoffnungen und Befürchtungen für das Jenseits spielen in der Religion der Primitiven bekanntlich keine Rolle. Das Naturkind fürchtet den Tod nicht, sondern sieht ihn als etwas Natürliches an. Die mehr mittelalterliche Form des Christentums, bei der die Angst vor dem Gericht im Vordergrunde steht, findet bei ihm viel weniger Anknüpfungspunkte als die mehr ethische. Das Christentum ist ihm die von Jesus geoffenbarte moralische Anschauung vom Leben und der Welt, die Lehre vom Reiche Gottes und der Gnade Gottes.

Im Naturmenschen schlummert ein ethischer Rationalist. Er hat eine natürliche Empfänglichkeit für den Begriff des Guten und was in der Religion damit zusammenklingt. Sicherlich haben Rousseau und die Menschen der Aufklärungszeit das Naturkind idealisiert. Aber etwas Wahres ist doch an ihrer Anschauung von dem guten und vernünftigen Vermögen in demselben.

Man meine nicht, die Gedankenwelt des Negers beschrieben zu haben, wenn man ein genaues Inventar seiner überkommenen abergläubischen Vorstellungen und der überlieferten Rechtsanschauungen aufgenommen hat. Er geht nicht in ihnen auf, sondern ist ihnen unterworfen. In seinem Wesen lebt ein dumpfes Ahnen, daß die Anschauung von dem, was gut sei, sich aus dem Nachdenken ergeben müsse. Sowie er mit den höheren sittlichen Begriffen der Religion Jesu bekannt wird, kommt etwas in ihm zur Sprache, das bisher stumm vorhanden gewesen war, und wird etwas entbunden, das bisher gebunden war. Dies wird mir klarer, je länger ich mit den Negern des Ogowe zusammen bin.

Die Erlösung durch Jesus erfährt der Eingeborene also als eine doppelte Befreiung. Aus der angstvollen kommt er zur angstlosen und aus der unethischen zur ethischen Weltanschauung.

Nie habe ich das Sieghaft-Elementare in den Gedanken Jesu so empfunden, als wenn ich in der großen Schulbaracke zu Lambarene, die als Kirche dient, den Eingeborenen die Bergpredigt und die Gleichnisse des Herrn und die Sprüche des Apostels Paulus von dem neuen Dasein, in dem wir wandeln, auslegen durfte.

Inwieweit wird der Neger nun aber als Christ wirklich ein anderer Mensch? In der Taufe hat er allen Aberglauben abgeschworen. Aber der Aberglaube ist so mit seinem Leben und mit dem gesellschaftlichen Leben verwachsen, daß er nicht von heute auf morgen damit fertig wird. Fortgesetzt hat er im kleinen wie im großen Rückfälle. Ich bin aber nicht dafür, daß man die Gebräuche, von denen er sich nicht gleich definitiv freimachen kann, tragisch nehme. Nur darauf kommt es an, daß man ihm auf jede Weise begreiflich mache, daß hinter den Gebräuchen nichts, auch kein Dämon steht.

Ist in einem Spital ein Kind auf die Welt gekommen, so werden seine Mutter und es selber am Leib und im Gesicht mit weißer Farbe so bemalt, daß beide furchterregend aussehen. Diese Prozedur findet sich bei fast allen Naturvölkern. Es sollen damit die Dämonen, die in diesen Tagen der Mutter und dem Kind besonders gefährlich werden können, abgeschreckt oder getäuscht werden. Ich ereifere mich gegen den Brauch nicht. Manchmal sage ich selber, kaum daß die Geburt vorüber ist: „Daß ihr mir das Bemalen nicht vergeßt!" In einem gewissen Augenblicke wird die freundliche Ironie den Geistern und Fetischen gefährlicher als der sie bekämpfende Eifer. Ich wage daran zu erinnern, daß wir Europäer ja noch selber viele Gepflogenheiten haben, die, ohne daß wir uns jetzt mehr davon Rechenschaft geben, aus heidnischen Vorstellungen geboren sind.

Auch die ethische Bekehrung bleibt naturgemäß unvollständig. Um dem farbigen Christen gerecht zu werden, muß man eigentlich zwischen Herzenssittlichkeit und bürgerlicher Sittlichkeit unterscheiden. In der ersteren leistet er oft Großes. Man muß unter ihnen leben, um zu wissen, was es heißt, daß einer unter ihnen, weil er Christ ist, auf die Rache, die ihm zusteht, oder gar auf die Blutrache, die ihm obliegt, verzichtet! Überhaupt finde ich, daß der primitive Mensch viel gutmütiger ist als wir Europäer. Kommt das Christentum dazu, so können wunderbar edle Charaktere entstehen. Ich glaube nicht der einzige Weiße zu sein, der sich durch Eingeborene schon beschämt gefühlt hat.

Aber etwas anderes, als die Religion der Liebe zu üben, ist, das gewohnheitsmäßige Lügen und den Hang zum Stehlen abzulegen und ein nach unseren Begriffen einigermaßen zuverlässiger Mensch zu werden. Dürfte ich ein Paradoxon wagen, so würde ich sagen, daß der bekehrte Eingeborene öfter ein sittlicher als ein ehrbarer Mensch ist.

Mit dem Richten ist hier wenig getan. Wir müssen darauf sehen, daß wir den farbigen Christen so wenig wie möglich in Versuchung führen.

Aber es gibt auch eingeborene Christen, die in jeder Hinsicht sittliche Persönlichkeiten geworden sind. Ich komme jeden Tag mit einem solchen zusammen. Es ist Ojembo, der schwarze Lehrer an unserer Knabenschule. Ich zähle ihn zu den feinsten Menschen, die ich überhaupt kenne. Ojembo heißt „das Lied".

Wie kommt es, daß die Kaufleute und die Beamten oft so absprechend über die farbigen Christen urteilen? Schon bei der Herfahrt auf dem Schiff bekam ich von zwei Mitreisenden gesagt, daß sie aus Prinzip nie christliche Boys nähmen. Die Sache liegt so, daß das Christentum für die unsympathischen Erscheinungen der Emanzipation verantwortlich gemacht wird. Die jüngeren Christen sind zum größten Teil auf den Schulen der Mission gewesen und machen nun vielfach die Krise durch, die für den Neger mit der Schulbildung gegeben ist. Sie kommen sich zu gut für manche Arbeiten vor und wollen nicht mehr als „gewöhnliche" Neger behandelt werden. Dies habe ich mit einigen meiner eigenen Boys erlebt. Einer von ihnen, Atombogunjo, von der obersten Klasse der Schule von N'Gômô, diente bei mir während der Schulferien. Gleich am ersten Tage schlug er, während er auf der Veranda das Geschirr wusch, daneben ein Schulbuch auf. „Welch braver Junge, welcher Lerneifer!" sagte meine Frau. In der Folge aber erkannten wir, daß das neben ihm aufgeschlagene Schulbuch nicht nur Lerneifer bekundete, sondern zugleich eine

Demonstration war. Der fünfzehnjährige Junge wollte uns damit klar machen, daß er zum Dienen eigentlich zu gut sei und nicht mehr als Boy wie andere Boys betrachtet werden wollte. Zuletzt konnte ich seinen Dünkel nicht mehr aushalten und stellte ihn unsanft vor die Türe.

Da nun in vielen Kolonien fast alle Schulen Missionsschulen sind – weil die Regierungen fast keine Schulen gründen, sondern sich auf die Missionen verlassen –, treten die ungesunden Erscheinungen der Emanzipation vornehmlich an denen zutage, die aus den Missionsschulen hervorgehen, und werden dann dem Christentum zur Last gelegt. Dabei vergessen die Weißen oft, was sie der Mission verdanken. Als der Direktor einer großen Handelsgesellschaft auf dem Flußdampfer in meiner Gegenwart gegen die Missionen loslegte, fragte ich ihn: „Wer hat denn die schwarzen Schreiber und die schwarzen Faktoreibeamten, die Sie beschäftigen, ausgebildet? Wem verdanken Sie es, daß Sie am Ogowe Eingeborene finden, die lesen, schreiben und rechnen können und einigermaßen zuverlässig sind?" ... Er mußte schweigen.

Wie aber wird die Mission betrieben? Was gehört zu einer Missionsstation und wie arbeitet sie?

In Europa stellt man sich eine Missionsstation wie eine Dorfpfarrei im Urwald vor. Sie ist aber etwas viel Umfassenderes und Komplizierteres: ein Bischofssitz, ein Schulzentrum, ein landwirtschaftliches Unternehmen und ein Markt!

Zu einer normalen Missionsstation gehören: ein Missionar als Stationsleiter, ein Missionar für die Evangelisationsreisen, ein Missionar als Lehrer an der Knabenschule, eine Lehrerin für die Mädchenschule, ein oder zwei Handwerkermissionare und womöglich ein Arzt. Nur eine solche Station leistet etwas. Eine unvollständige verbraucht Menschen und Geld, ohne daß dabei Entsprechendes herauskommt.

Ein Beispiel. In Talagouga hatten wir am Anfang meines Hierseins einen ausgezeichneten Evangelisationsmissionar,

Herrn Ford, einen Amerikaner. Es fehlte aber der Station der Handwerkermissionar. Es kam die Zeit, wo der Fußboden des auf Pfählen ruhenden Hauses, das Herr Ford mit Frau und Kindern bewohnte, unbedingt ausgebessert werden mußte, weil durch seine Löcher Moskitos eindrangen und als Fieberträger die Gesundheit der Bewohner gefährdeten. Also machte sich Herr Ford selber an die Arbeit. Er brauchte dazu an die zwei Monate. Während dieser Zeit war die Umgegend ohne Missionar. Ein Handwerkermissionar hätte die Arbeit in drei Wochen gemacht und nicht nur provisorische Flickarbeit geleistet. Dies ein Beispiel für Hunderte von dem Elend und der Unrentabilität der unvollständig besetzten Missionsstationen.

In den Tropen leistet der Mensch höchstens die Hälfte von dem, was er in einem gemäßigten Klima ausführen kann. Wird er von einer Arbeit in die andere gezerrt, so verbraucht er sich so schnell, daß er nach einiger Zeit wohl noch da ist, aber keine wirkende Kraft mehr repräsentiert. Darum tut strenge Arbeitsteilung not, obwohl andererseits, wenn die Umstände es erfordern, jeder wieder alle Arbeiten tun können muß. Ein Missionar, der nicht zugleich etwas von den Handwerken, von der Pflanzung und von der Behandlung der Kranken versteht, ist ein Unglück für die Station.

Der Missionar, der für die Evangelisation da ist, soll eigentlich mit dem Betriebe der Station gar nichts zu tun haben. Er muß frei sein, jeden Tag seine kürzeren oder längeren Fahrten zum Besuche der Dörfer anzutreten. Auch darf er nicht gebunden sein, an dem oder dem Tage zurück sein zu müssen. Vielleicht wird er auf einer Fahrt aufgefordert, in dies oder jenes Dorf, das nicht in seinem Reiseplan figurierte, zu kommen, weil die Leute das Evangelium hören wollen. Dann darf er nicht antworten, er habe keine Zeit, sondern er muß zwei oder drei Tage, vielleicht eine ganze Woche zugeben können. Kommt er von der Reise nach Hause, muß er sich ausruhen. War er vierzehn Tage lang fortwährend auf dem Fluß oder auf Urwaldpfaden, so ist er erschöpft.

Zu wenige und zu hastige Evangelisationsreisen: dies ist das Elend in fast allen Missionen. Und immer rührt der Mißstand daher, daß infolge von Personalmangel oder unzweckmäßiger Arbeitsteilung der Evangelisationsmissionar zugleich in der Stationsleitung figuriert und der Stationsleiter zugleich reist.

Dem Stationsleiter fallen die Gottesdienste auf der Station und den nächsten Dörfern und zugleich die Aufsicht über die Schulen und die Pflanzungen der Station zu. Er darf die Station eigentlich keinen Tag verlassen. Er muß seine Augen überall haben und für jeden jederzeit zu sprechen sein. Seine prosaischste Beschäftigung ist, den Markt abzuhalten. Die Lebensmittel, die wir für die Schulen, für die Arbeiter und Ruderer der Station und für uns selber brauchen, bekommen wir nicht für Geld. Nur wenn die Eingeborenen wissen, daß sie bei uns gute Waren finden, bringen sie uns regelmäßig Maniok, Bananen und gedörrte Fische. Also muß die Missionsstation einen Laden haben. Zwei- oder dreimal in der Woche kommen die Eingeborenen mit den Früchten ihrer Pflanzungen und mit Fischen und tauschen das Mitgebrachte gegen Salz, Petroleum, Nägel, Fischgeräte, Tabak, Sägen, Messer, Beile und Tücher ein. Schnaps gibt es bei uns nicht. Der ganze Morgen des Stationsleiters geht drauf. Und welche Zeit kostet es ihn, die Bestellungen in Europa richtig und rechtzeitig zu machen, die Rechnungen genau zu führen, die Ablöhnung der Ruderer und Arbeiter vorzunehmen, die Pflanzungen der Station zu beaufsichtigen! Welche Verluste entstehen, wenn er das Nötige nicht rechtzeitig beschafft hat! Man soll ein Dach eindecken, und es sind keine getrockneten und gehefteten Raphiablätter da! Es soll gebaut werden, und es sind keine Balken und Bretter vorhanden, oder er hat die gute Jahreszeit zum Bereiten von Ziegeln vorbeigehen lassen! Oder er hat versäumt, den Vorrat an gedörrten Fischen für die Schulkinder zur rechten Zeit wieder nachzuräuchern, und entdeckt eines Morgens, daß er von Würmern wimmelt und verloren ist. Vom Stationsleiter hängt es ab, ob die Station zweckmäßig und billig oder unzweckmäßig und teuer arbeitet.

Ein Beispiel. Auf einer unserer Stationen waren mehrere Jahre hintereinander Stationsleiter gewesen, die nicht viel von der Pflanzung verstanden und unsere Kaffeesträucher nicht richtig beschnitten hatten. Sie ließen sie so hoch emporwachsen, daß sie nicht mehr richtig trugen und auch ohne Leiter nicht mehr abgeerntet werden konnten. Jetzt müssen wir sie über dem Boden abhauen. Bis die Stümpfe wieder ausgeschlagen haben und normal tragen, dauert es Jahre.

Weiter hat der Stationsleiter die Untersuchungen über die so oft vorkommenden Diebstähle zu führen, wobei er, mehr als ihm lieb ist, Gelegenheit bekommt, Detektivtalente zu entwickeln. Auch alle Palaver der schwarzen Stationsinsassen muß er schlichten. Dabei darf er niemals ungeduldig werden. Stundenlang muß er den öden Disputen aufmerksam zuhören, denn sonst ist er nicht der gerechte Richter. Kommen Kanoes von anderen Stationen, so hat er die Ruderer unterzubringen und zu verpflegen. Ertönt die Sirene des Flußdampfers, so muß er mit Kanoes an die Landungsstelle, um die Post und die Warenkisten in Empfang zu nehmen.

Nun aber sind nicht genug Lebensmittel an den Markttagen eingegangen. Jetzt heißt es, Kanoes nach den ferneren Dörfern schicken, um das Nötige zu holen. Die Fahrt kann zwei bis drei Tage dauern. Welche Arbeit soll dafür im Stich gelassen werden? Und vielleicht kommt das Boot leer zurück, und es muß eine Fahrt in eine andere Gegend gemacht werden ...

Welch furchtbare Prosa für einen Menschen, der gekommen ist, um die Religion Jesu zu verkünden! Hätte er nicht die Abend- und Morgenandacht in der Schule zu halten und am Sonntag zu predigen, so könnte der Stationsleiter fast vergessen, daß er eigentlich Missionar ist. Aber den größten Einfluß übt er gerade dadurch, daß er in diesem alltäglichen Getriebe christliche Freundlichkeit und christliche Sanftmut erweist. Durch seine Predigt ohne Worte wird die Station das, was sie geistig sein soll.

Ein Wort über die Schulen. Eine Schule, bei der die Kinder zum Unterricht kommen und bei ihren Eltern wohnen, ist hier unmöglich der Entfernungen wegen. Dörfer, die zur Station Lambarene gehören, liegen bis zu hundert Kilometer weit, wenn nicht mehr, von ihr ab. Also müssen die Kinder auf der Station wohnen. Die Eltern bringen sie im Oktober und holen sie im Juli, wenn die Zeit der großen Fischzüge beginnt, wieder ab. Dafür, daß sie beherbergt und genährt werden, müssen die Kinder, Knaben wie Mädchen, auf der Station Arbeit leisten.

Ihr Tag verläuft folgendermaßen: Morgens von sieben bis neun Uhr schneiden sie das Gras und das Gebüsch ab. Der Kampf, um die Station gegen den Urwald zu erhalten, wird in der Hauptsache von ihnen geführt. Sind sie an einem Ende des Geländes mit dem Abmähen fertig, so können sie am andern, wo unterdes wieder alles emporgeschossen ist, gerade wieder anfangen. Von neun bis zehn Uhr ist Ruhestunde. Unter einem großen Dache kochen sich die Kinder ihre Bananen nach Negerart. Je fünf oder sechs gehören zu einem Kochtopf und zu einem Feuerloch. Nach dem Essen, von zehn bis zwölf, ist Schule. Die Erholungszeit von zwölf bis eins wird zum größten Teil mit Baden und Fischen verbracht. Ist die von zwei bis vier dauernde Nachmittagsschule vorüber, so haben die Kinder wieder eine Arbeitszeit von anderthalb Stunden vor sich. Sie helfen in der Kakaopflanzung mit; oft auch gehen dann die Buben dem Handwerkermissionar zur Hand, bereiten Ziegel, transportieren Baumaterialien oder vollführen Erdarbeiten. Dann werden die Lebensmittel für den folgenden Tag in Empfang genommen. Nach sechs Uhr findet die Abendandacht statt. Hierauf wird das Abendessen gekocht und eingenommen. Um neun Uhr geht es ins Bett, das heißt auf die Holzpritsche unter das Moskitonetz. An den Sonntagnachmittagen werden Kanoefahrten unternommen, wobei die Lehrerin die Schulmädchen als Rudermannschaft hat. In der trockenen Jahreszeit wird auf den Sandbänken gespielt.

Der Betrieb in der Knabenschule leidet dadurch, daß, wenn der Missionar auf Evangelisationsreise geht oder wenn sonst

Kanoefahrten notwendig sind, die Knaben als Ruderer mit müssen und manchmal eine Woche oder mehr abwesend sind. Wann werden wir dazu kommen, daß jede Station ein gutes Motorboot besitzt!

Soll ein Missionar eine gründliche Bildung besitzen? Ja. Je entwickelter das geistige Leben und die geistigen Interessen eines Menschen sind, desto besser hält er es in Afrika aus. Im anderen Falle gerät er leicht in Gefahr, wie man hier sagt, zu „verniggern". Dies zeigt sich darin, daß er die großen Gesichtspunkte aus den Augen verliert, seine geistige Spannkraft einbüßt und fast wie ein Neger anfängt, sich über kleine Dinge aufzuhalten und darüber zu disputieren. Auch gründliche theologische Bildung ist besser als eine weniger gründliche.

Daß man unter Umständen ein guter Missionar sein kann, ohne Theologie studiert zu haben, beweist Herr Felix Faure, der zur Zeit unserer Station vorsteht.

Er ist von Hause aus landwirtschaftlicher Ingenieur und kam nach dem Ogowe hauptsächlich, um die Pflanzungen der Mission zu leiten. Zugleich erwies er sich aber als Prediger und Evangelisator so tüchtig, daß er mit der Zeit mehr Missionar als Pflanzer wurde.

Nicht ganz einverstanden bin ich mit der Art, wie hier die Taufe gehandhabt wird. Man tauft grundsätzlich nur Erwachsene. Einzig solche, die in ihrem Wandel erprobt sind, sollen in die christliche Gemeinde aufgenommen werden. Ganz recht. Aber gründen wir damit eine auf sichere, breite Basis gestellte Kirche? Kommt es nur darauf an, daß sich die Gemeinden aus möglichst untadeligen Mitgliedern zusammensetzen? Ich meine, man muß auch darauf hinausdenken, wie die Gemeinde einen normalen Zustrom bekommt. Taufen wir die Kinder der christlichen Ehepaare, so wachsen uns Eingeborene auf, die von Jugend an der christlichen Kirche angehören und unter ihrem Einfluß stehen. Sicherlich wird es unter ihnen welche geben, die sich des in der Kindheit erworbenen Christennamens unwürdig zeigen werden. Aber so und so viel andere werden, gerade weil sie von Jugend an zu der Gemeinde gehören und an ihr in den sittlichen Gefahren, die sie umgeben, Halt haben, treue Mitglieder derselben werden. So tritt die Frage der Kindertaufe, die die Kirche in den ersten Jahrhunderten so bewegt hat, heute in der Mission wieder als eine aktuelle Frage auf. Wollten wir uns am Ogowe für die Kindertaufe entscheiden, so hätten wir fast alle eingeborenen Evangelisten und Gemeindeältesten gegen uns.

Das schwerste Problem wird der christlichen Mission dadurch geschaffen, daß sie draußen in zwei Gestalten, als katholische und als protestantische, auftreten muß. Wie viel schöner wäre das Wirken im Namen Jesu, wenn dieser Unterschied nicht wäre und die beiden Kirchen nicht in Konkurrenz miteinander ständen. Am Ogowe unterhalten die Missionare beider Konfessionen korrekte, manchmal auch freundliche Beziehungen zueinander. Aber der Wettstreit, der die Eingeborenen verwirrt und die Sache des Evangeliums schädigt, ist darum nicht aus der Welt geschafft.

Ich komme als Arzt öfters auf die katholischen Missionsstationen und kann mir daher von der Art, wie dort die Evangelisation und der Unterricht betrieben werden, ein ziemlich klares Bild machen. Was die Organisation anbetrifft, so scheint mir die katholische Mission der protestantischen in manchen Dingen überlegen. Sollte ich den Unterschied in den von beiden verfolgten Zielen definieren, so würde ich sagen, daß die protestantische Mission hauptsächlich auf die Heranbildung christlicher Persönlichkeiten ausgeht, während die katholische vor allem die solide Gründung einer Kirche im Auge hat. Das Ziel, das sich die protestantische Mission steckt, ist das höhere; aber es trägt der Wirklichkeit weniger Rechnung als das der katholischen. Um das Erziehungswerk auf die Dauer durchzuführen, bedarf es einer festgegründeten Kirche, die sich in natürlicher Weise aus den Nachkommen der christlichen Familien vermehrt. Dies lehrt die Kirchengeschichte aller Zeiten. Aber besteht nicht die Größe wie auch die Schwäche des Protestantismus darin, daß er zu sehr persönliche Religion und zu wenig Kirche ist? ...

Für die Arbeit, die die amerikanischen Missionare hier begonnen und die französischen fortgesetzt haben, empfinde ich aufrichtige Hochachtung. Sie haben unter den Eingeborenen menschliche und christliche Charaktere herangebildet, die auch entschiedene Missionsgegner von dem, was die Lehre Jesu an dem primitiven Menschen vermag, überzeugen würden. Nur sollten sie jetzt die Mittel und die Menschen haben, neue Stationen weiter im Innern zu gründen und erzieherisch auf die Eingeborenen zu wirken, ehe der Handel der Weißen mit allen Gefahren und Problemen, die er für das Naturkind mit sich führt, dorthin gekommen ist.

Wird dies aber in absehbarer Zeit möglich sein? Was wird aus der Mission nach dem Kriege werden? Wie sollen die ruinierten Völker Europas weiter die Mittel für die geistigen Unternehmungen in der Welt aufbringen? Dazu kommt noch, daß die Mission, wie das Christentum, internationalen Charakter hat. Durch den Krieg ist aber alles Internationale auf lange hinaus unmöglich gemacht. Auch daß die Weißen durch den Krieg bei den Farbigen so viel an geistiger Autorität verloren haben, wird die Mission in der ganzen Welt zu fühlen bekommen.

XI. SCHLUSS

Viereinhalb Jahre wirkten wir in Lambarene.

Im letzten Jahr konnten wir die heißen Regenmonate zwischen Herbst und Frühling am Meer zubringen. Ein Weißer, der mit meiner aufs äußerste erschöpften Frau Mitleid hatte, stellte uns an der Mündung des Ogowe, zwei Stunden Weges von Kap Lopez, ein Haus zur Verfügung, das im Frieden dem Wächter seiner dort verankerten Flöße als Wohnung gedient hatte, seit dem Ruhen des Holzhandels aber leer stand. Nie werden wir ihm seine Güte vergessen. Unsere Hauptnahrung

15. Gebäude der Knabenschule zu Lambarene
Links die Schule; in der Mitte die kleine Wellblechbaracke mit den Reserven von Verbandsstoffen und Medikamenten; rechts das Spital

16. Kleine Bananenpflanzung am Rande des Urwalds

in dieser Einsamkeit waren Heringe, die ich im Meere fing. Von dem Fischreichtum der Bucht von Kap Lopez kann man sich nur schwer einen Begriff machen.

Um das Haus herum standen die Hütten, in denen die Arbeiter des Weißen, als der Holzhandel noch blühte, gewohnt hatten. Jetzt dienten sie, halb verfallen, durchziehenden Negern zur Behausung. Am zweiten Tage nach unserer Ankunft ging ich zu den Hütten, um zu sehen, ob jemand darin sei. Niemand antwortete auf mein Rufen. Nun stieß ich Tür um Tür auf. In der letzten Hütte lag ein Mensch auf dem Boden, das Haupt fast im Sande begraben. Ameisen liefen auf ihm herum. Es war ein Schlafkranker, den die Seinen, weil sie ihn nicht mehr weiterbringen konnten, wohl schon vor Tagen dort zurückgelassen hatten. Zu helfen war nichts mehr, obwohl er noch atmete. Während ich mich mit dem Armen beschäftigte, sah ich durch die Tür der Hütte die blaue, von grünen Wäldern umsäumte, zauberhaft schöne Bucht, die eine strahlende Abendsonne mit ihrem Lichte übergoß. Ein Paradies und trostlosestes Elend so in einem Blicke zu umfassen, war erschütternd ...

Nach Lambarene zurückgekehrt, fand ich viel zu tun vor. Aber die Arbeit erschreckte mich nicht. Ich war wieder frisch. Viel zu schaffen machten mir in dieser Zeit die Dysenteriekranken. Aus unserer Gegend waren Träger für die Militärkolonnen in Kamerun ausgehoben worden. Viele von ihnen hatten sich mit Dysenterie angesteckt. Die subkutanen Einspritzungen von Emetin erwiesen sich auch in den veralteten Fällen als sehr wirkungskräftig.

Bei dieser Aushebung von Trägern hatte sich einer meiner Kranken, namens Basile, der mit einem bösen Fußgeschwür behaftet war, freiwillig zum Dienst melden wollen, um seinen Bruder, der mitmußte, nicht allein gehen zu lassen. Ich stellte ihm vor, daß er nach vier Tagen am Wege liegenbleiben und im Walde sterben würde. Er wollte sich nicht überzeugen lassen. Fast mit Gewalt mußte ich ihn zurückhalten.

Als ein Transport von ausgehobenen Trägern, die auf dem Seewege nach Kamerun gebracht werden sollten, in N'Gômô auf dem Flußdampfer verladen wurde, war ich zufällig dabei. Nun erfuhren die Eingeborenen wirklich, was Krieg sei. Unter den Klagen der Weiber war der Dampfer abgefahren. Sein Rauch verschwand in der Ferne. Die Leute hatten sich verlaufen. Auf einem Stein am Ufer saß lautlos weinend eine alte Frau, deren Sohn mitgenommen worden war. Ich ergriff ihre Hand und wollte sie trösten. Sie weinte weiter, als hörte sie mich nicht. Plötzlich fühlte ich, daß ich mit ihr weinte, lautlos in die untergehende Sonne weinte, wie sie.

In jenen Tagen las ich in einer Zeitschrift einen Artikel, der ausführte, daß es immer Kriege geben werde, weil ein edles Bedürfnis nach Ruhm in den Herzen der Menschen unausrottbar verwurzelt sei. Diese Verherrlicher des Krieges denken immer nur an den durch die Begeisterung oder die Notwehr einigermaßen idealisierten Krieg. Vielleicht aber kämen sie zur Besinnung, wenn sie eine Tagereise auf einem Urwaldpfad eines der afrikanischen Kriegsschauplätze zwischen den Leichen der Träger, die dort unter ihrer Last hinsanken und einsam am Wege starben, gewandert wären und angesichts dieser unschuldigen und unbegeisterten Opfer in dem Dunkel und der Stille des Urwalds über den Krieg, wie er an sich ist, nachgedacht hätten.

Was ist das Endergebnis der Erfahrungen dieser viereinhalb Jahre?

In allem hat sich mir bestätigt, daß die Überlegungen, die mich aus der Wissenschaft und aus der Kunst in den Urwald hinaustrieben, richtig waren. „Die Eingeborenen, die am Busen der Natur leben, sind nicht so viel krank wie wir und spüren den Schmerz nicht wie wir", hatten mir meine Freunde gesagt, um mich zurückzuhalten. Ich aber habe gesehen, daß dem nicht so ist. Draußen herrschen die meisten Krankheiten, die wir in Europa haben, und manche, die häßlichen, die wir dorthin getragen haben, schaffen dort womöglich noch mehr Elend als bei uns. Den Schmerz aber fühlt das Naturkind wie wir, denn Mensch sein heißt der Gewalt des furchtbaren Herrn, dessen Name Weh ist, unterworfen sein.

Das körperliche Elend ist draußen überall groß. Haben wir ein Recht, die Augen davor zu schließen und es zu ignorieren, weil die europäischen Zeitungen nicht davon sprechen? Wir sind verwöhnt. Wenn bei uns jemand krank ist, ist der Arzt sogleich zur Hand. Muß operiert werden, so tun sich alsbald die Türen einer Klinik auf. Aber man stelle sich vor, was es heißt, daß draußen Millionen und Millionen ohne Hoffnung auf Hilfe leiden. Täglich erdulden Tausende und Tausende Grausiges an Schmerz, was ärztliche Kunst von ihnen wenden könnte. Täglich herrscht in vielen, vielen fernen Hütten Verzweiflung, die wir bannen könnten. Es wage doch jeder nur die letzten zehn Jahre in seiner Familie auszudenken, wenn sie ohne Ärzte hätten verlebt werden sollen! Wir müssen aus dem Schlafe aufwachen und unsere Verantwortungen sehen.

Wenn ich es als meine Lebensaufgabe betrachte, die Sache der Kranken unter fernen Sternen zu verfechten, berufe ich mich auf die Barmherzigkeit, die Jesus und die Religion befehlen. Zugleich aber wende ich mich an das elementare Denken und Vorstellen. Nicht als ein „gutes Werk", sondern als eine unabweisbare Pflicht soll uns das, was unter den Farbigen zu tun ist, erscheinen.

Was haben die Weißen aller Nationen, seitdem die fernen Länder entdeckt sind, mit den Farbigen getan? Was bedeutet es allein, daß so und so viele Völker da, wo die sich mit dem Namen Jesu zierende europäische Menschheit hinkam, schon ausgestorben sind und andere im Aussterben begriffen sind oder stetig zurückgehen! Wer beschreibt die Ungerechtigkeiten und Grausamkeiten, die sie im Laufe der Jahrhunderte von den Völkern Europas erduldet? Wer wagt zu ermessen, was der Schnaps und die häßlichen Krankheiten, die wir ihnen brachten, unter ihnen an Elend geschaffen haben!

Würde die Geschichte alles dessen, was zwischen den Weißen und den farbigen Völkern vorging, in einem Buche aufgezeichnet werden, es wären, aus älterer wie aus neuerer Zeit, massenhaft Seiten darin, die man, weil zu grausigen Inhalts, ungelesen umwenden müßte.

Eine große Schuld lastet auf uns und unserer Kultur. Wir sind gar nicht frei, ob wir an den Menschen draußen Gutes tun wollen oder nicht, sondern wir müssen es. Was wir ihnen Gutes erweisen, ist nicht Wohltat, sondern Sühne. Für jeden, der Leid verbreitete, muß einer hinausgehen, der Hilfe bringt. Und wenn wir alles leisten, was in unseren Kräften steht, so haben wir nicht ein Tausendstel der Schuld gesühnt. Dies ist das Fundament, auf dem sich die Erwägungen aller „Liebeswerke" draußen erbauen müssen.

Die Völker, die Kolonien besitzen, müssen also wissen, daß sie damit zugleich eine ungeheure humanitäre Verantwortung gegen die Bewohner derselben übernommen haben.

Selbstverständlich müssen die Staaten als solche an dem Sühnen mithelfen. Sie können es aber erst tun, wenn die Gesinnung dazu in der Gesellschaft vorhanden ist. Zudem vermag der Staat allein Humanitätsaufgaben niemals zu lösen, da sie ihrem Wesen nach Sache der Gesellschaft und der einzelnen sind.

Der Staat kann so viel Kolonialärzte aussenden, als er zur Verfügung hat und als das Budget der Kolonie es erlaubt. Daß es große Kolonialmächte gibt, die nicht einmal genug Ärzte haben, um die bereits vorgesehenen und bei weitem nicht ausreichenden Kolonialarztstellen zu besetzen, ist bekannt. Die Hauptsache an dem ärztlichen Humanitätswerke fällt also der Gesellschaft und den einzelnen zu. Wir müssen Ärzte haben, die freiwillig unter die Farbigen gehen und auf verlorenen Posten das schwere Leben unter dem gefährlichen Klima und alles, was mit dem Fernsein von Heimat und Zivilisation gegeben ist, auf sich nehmen. Aus Erfahrung kann ich ihnen sagen, daß sie für alles, was sie aufgegeben haben, reichen Lohn in dem Guten, was sie tun können, finden werden.

Unter den Armen draußen können sie aber die Kosten ihrer Tätigkeit und ihres Lebensunterhaltes gewöhnlich nicht oder nicht vollständig aufbringen. In der Heimat müssen also Menschen sein, die ihnen das Notwendige geben. Uns allen fällt dies zu. Wer aber soll, ehe dies allgemein eingesehen und anerkannt wird, damit anfangen? Die Brüderschaft der vom Schmerz Gezeichneten.

Wer sind diese?

Die, die an sich erfuhren, was Angst und körperliches Weh sind, gehören in der ganzen Welt zusammen. Ein geheimnisvolles Band verbindet sie. Miteinander kennen sie das Grausige, dem der Mensch unterworfen sein kann, und miteinander die Sehnsucht, vom Schmerze frei zu werden. Wer vom Schmerz erlöst wurde, darf nicht meinen, er sei nun wieder frei und könne unbefangen ins Leben zurücktreten, wie er vordem darin stand. Wissend geworden über Schmerz und Angst, muß er mithelfen, dem Schmerz und der Angst zu begegnen, soweit Menschenmacht etwas über sie vermag, und andern Erlösung zu bringen, wie ihm Erlösung ward.

Wer durch ärztliche Hilfe aus schwerer Krankheit gerettet wurde, muß mithelfen, daß die, die sonst keinen Arzt hätten, einen Helfer bekommen, wie er einen hatte.

Wer durch eine Operation vom Tode oder der Qual bewahrt wurde, muß mithelfen, daß da, wo jetzt Tod und Qual noch ungehemmt herrschen, der barmherzige Betäubungsstoff und das helfende Messer ihr Werk beginnen können.

Die Mutter, die es ärztlicher Hilfe verdankt, daß ihr Kind noch ihr und nicht der kalten Erde gehört, muß helfen, daß der armen Mutter da, wo noch keine Ärzte sind, durch einen Arzt erspart bleiben kann, was ihr erspart blieb.

Wo das Todesleiden eines Menschen hätte furchtbar werden können, durch die Kunst eines Arztes aber sanft werden durfte, müssen die, die sein Lager umstanden, mithelfen, daß andern derselbe letzte Trost für ihre Lieben zuteil werden könne.

Dies ist die Brüderschaft der vom Schmerz Gezeichneten, der das ärztliche Humanitätswerk in den Kolonien obliegt. Aus ihren Dankbarkeitsgaben soll es entstehen. Als ihre Beauftragten sollten die Ärzte hinausgehen, um unter den Elenden in der Ferne zu vollbringen, was im Namen der Menschlichkeitskultur vollbracht werden muß.

Früher oder später wird sich die Idee, die ich hier ausspreche, die Welt erobern, weil sie in unerbittlicher Logik sowohl das Denken wie das Herz zwingt.

Ist es aber an der Zeit, sie jetzt in die Welt zu senden? Europa ist ruiniert und im Elende. So vieler Not haben wir in unserem nächsten Gesichtskreise zu wehren. Wie können wir noch der fernen gedenken?

Die Wahrheit hat keine Stunde. Ihre Zeit ist immer und gerade dann, wenn sie am unzeitgemäßesten scheint. Die Sorgen um die nahe und um die fremde Not vertragen sich, wenn sie miteinander genug Menschen aus der Gedankenlosigkeit wecken und einen neuen Geist der Humanität ins Leben rufen.

Man sage auch nicht: „Wenn die Brüderschaft der vom Schmerz Gezeichneten vorerst einen Arzt hierhin, einen anderen dorthin sendet, was ist das im Vergleich zum Elende der Welt?" Aus meiner Erfahrung und aus der aller Kolonialärzte antworte ich darauf, daß ein einziger Arzt draußen mit den bescheidensten Mitteln für viele Menschen viel sein kann. Das Gute, das er zu wirken vermag, übersteigt das, was er von seinem Leben darangibt, und den Wert der zu seinem Unterhalte gespendeten Mittel um das Hundertfache. Allein mit Chinin und Arsen für die Malaria, mit Novarsenbenzol für die verschiedenen mit Geschwüren einhergehenden Krankheiten, mit Emetin für die Dysenterie und mit den Mitteln und Kenntnissen für die dringlichsten Operationen vermag er in einem Jahre Hunderte von Menschen, die sich sonst verzweifelt in ihr Schicksal ergeben müßten, aus der Gewalt der Qual und des Todes zu befreien. Gerade die Fortschritte, die die exotische Medizin in den letzten fünfzehn Jahren gemacht hat, geben uns die ans Wunderbare grenzende Macht über viele Leiden der fernen Menschen in die Hand. Ist dies nicht wie ein Ruf, der an uns ergeht?

Ich selber, nachdem meine seit 1918 schwankende Gesundheit durch zwei Operationen wiederhergestellt ist und nachdem ich durch Orgelkonzerte und Vorträge die Mittel fand, um die während des Krieges für mein Werk gemachten Schulden abzutragen, darf den Entschluß fassen, meine Tätigkeit unter den Elenden in der Ferne fortzusetzen. Zwar ist mein Werk, wie ich es gegründet hatte, im Krieg zusammengebrochen. Die Freunde, die sich aus verschiedenen Nationen zusammengetan, um es zu erhalten, sind durch das, was sich in der Welt ereignet hat, auf lange hinaus entzweit worden. Von denen, die noch weiter helfen könnten, sind manche durch den Krieg verarmt. Es wird schwer sein, die Mittel zusammenzubitten. Und sie müssen viel größer sein als vorher, denn die Kosten werden jetzt das Dreifache der früheren betragen, so bescheiden ich das Unternehmen auch in Aussicht nehme.

Dennoch bleibe ich mutig. Das Elend, das ich gesehen, gibt mir die Kraft dazu, und der Glaube an die Menschen hält meine Zuversicht aufrecht. Ich will glauben, daß ich genug Menschen finden werde, die, weil sie selber aus leiblicher Not gerettet worden sind, sich zu Dankbarkeitsopfern für die, die in gleicher Not sind, erbitten lassen werden ... Ich will hoffen, daß wir bald mehrere Ärzte sein werden, die von der Brüderschaft der vom Schmerz Gezeichneten hierhin und dorthin in die Welt entsandt werden...

Straßburg, bei der Kirche zu St. Nicolai,
August 1920

Albert Schweitzer/Helene Bresslau
Die Jahre vor Lambarene
Briefe 1902–1912

Herausgegeben von Rhena Schweitzer Miller und Gustav Woytt.
1992. 406 Seiten mit 19 Abbildungen. Leinen

Der Briefwechsel zwischen Albert Schweitzer und Helene Bresslau, seiner späteren Frau, mußte lange als verschollen gelten. Vor einigen Jahren wurde er wiederentdeckt, hier wird er zum ersten Mal veröffentlicht. Er ist ein großartiges menschliches Zeugnis aus der Zeit, in der sich diese beiden Menschen, denen berufliche Erfüllung und Erfolg in Europa offengestanden hätten, zur Arbeit in Afrika entschlossen, ein Lebensdokument aus den „Jahren vor Lambarene".

Albert Schweitzer
Gespräche über das Neue Testament

Herausgegeben von Winfried Döbertin
1994. 217 Seiten.
Beck'sche Reihe Band 1071

Von 1901 bis 1904, während seiner frühen Straßburger Jahre als Privatdozent für neutestamentliche Theologie, hat Albert Schweitzer 33 Gespräche über das Neue Testament im „Evangelisch-protestantischen Kirchenboten für Elsaß und Lothringen" erscheinen lassen. Winfried Döbertin hat sie 1988 erneut einem breiten Leserkreis zugänglich gemacht. Sie erscheinen jetzt erstmals in der Beck'schen Reihe. Die Gespräche bieten nach dem Urteil des Bonner Theologen Erich Gräßer nichts Geringeres als eine Einführung in Schweitzers „Verständnis vom Wesen des Christentums", wie es sie „in dieser geschlossenen, allgemein verständlichen Form nicht gab".

Verlag C. H. Beck München

Weitere Werke Albert Schweitzers im Verlag C. H. Beck

Albert Schweitzer
Kultur und Ethik
77. Tausend. 1991. 372 Seiten. Leinen
Beck'sche Sonderausgabe

Albert Schweitzer
Straßburger Predigten
Herausgegeben von Ulrich Neuenschwander.
3., unveränderte Auflage. 1993. 175 Seiten. Paperback
Beck'sche Reihe Band 307

Albert Schweitzer
Das Christentum und die Weltreligionen
Zwei Aufsätze zur Religionsphilosophie
Mit einer Einführung in das Denken Albert Schweitzers
von Ulrich Neuenschwander.
3., unveränderte Auflage. 1992. 125 Seiten. Paperback
Beck'sche Reihe Band 181

Albert Schweitzer
Die Ehrfurcht vor dem Leben
Grundtexte aus fünf Jahrzehnten
Herausgegeben von Hans Walter Bähr.
6. Auflage. 1991. 167 Seiten. Paperback
Beck'sche Reihe Band 255

Albert Schweitzer
Die Weltanschauung der indischen Denker
Mystik und Ethik
Nachdruck der 3., neugefaßten Ausgabe. 1987.
IX, 218 Seiten. Paperback
Beck'sche Reihe Band 332

Albert Schweitzer
Lesebuch
Herausgegeben von Harald Steffahn
Sonderausgabe 1994. 409 Seiten. Leinen

Verlag C. H. Beck München